Adolf Kirchhoff

Mahnlieder an Perses

Adolf Kirchhoff
Mahnlieder an Perses
ISBN/EAN: 9783744632768
Hergestellt in Europa, USA, Kanada, Australien, Japan
Cover: Foto ©Thomas Meinert / pixelio.de

Weitere Bücher finden Sie auf **www.hansebooks.com**

HESIODOS'

MAHNLIEDER AN PERSES

VON

A. KIRCHHOFF.

BERLIN.
VERLAG VON WILHELM HERTZ.
(BESSERSCHE BUCHHANDLUNG.)
1889.

Buchdruckerei von Gustav Schade (Otto Francke) in Berlin N.

HAVE · PIA · ANIMA

Vorwort.

Die Fluth der Vermuthungen, Meinungen und Ansichten, welche sich in unserer Zeit über die 'Werke und Tage' ergossen hat, auch nur durch einen Tropfen vermehren zu wollen, kann bedenklich erscheinen. Ich habe mir das auch keinesweges verhehlt, und wenn ich trotzdem die Meinung, welche ich selbst mir bei längerer und eingehender Beschäftigung mit dem Gegenstande gebildet hatte, denjenigen, welche davon Kenntniss nehmen wollen, vorzulegen mich entschlossen habe, so geschieht das vornehmlich unter Einwirkung eines übermächtigen äusseren Antriebes, dem ich mich nicht habe entziehen können. Leugnen will ich indessen darum nicht, dass ein starkes Maass subjectiver Ueberzeugung von der Richtigkeit und dem Werthe der vertretenen Ansicht wesentlich dazu beigetragen hat, mir den Entschluss zu erleichtern. Ein objectives Urtheil darüber zu fällen, ob ich im Wesentlichen und in der Hauptsache das Richtige getroffen, muss ich natürlich Anderen überlassen; aber ich habe wenigstens Sorge getragen, dass für den Fall, dass dieses Urtheil ein verwerfendes sein sollte, der Umfang der dann als unnütz zu beseitigenden Spreu ein nicht allzu grosser werde, und darum mich bemüht, was ich sagen zu müssen glaubte mit so wenigen Worten zu sagen, als das ohne Schädigung des Verständnisses mir überhaupt möglich war.

Es ist, wie schon gesagt, nur eine Meinung, welche ich vortragen und der Prüfung Anderer unterbreiten will; dieser Absicht entsprechend ist die Darstellungsform gewählt worden, in welcher sie im Folgenden vorgeführt wird. Ich gebe zunächst den überlieferten Text in einer Anordnung, welche die verschiedenen in ihm in- und übereinandergeschobenen Theile früherer und späterer Zeit dem Auge sofort unterscheidbar von einander absondert und ihre Gliederung kennzeichnet. Der alte Liedercyclus, welcher den Kern und Grundstock des Ganzen bildet, ist durch grössere Schrift hervorgehoben, die einzelnen Lieder, welche die Ueberlieferung schon frühzeitig in Folge allmälig einreissenden Missverständnisses der Gliederungsform zusammenzog und äusserlich von einander nicht mehr schied, sind von einander abgesetzt und besonders nummerirt worden, während alle später hinzugekommenen Zusätze der verschiedensten Zeiten in kleinerer Schrift gehalten erscheinen. Die Einschiebungen, welche einzelne dieser Zusätze sich ihrerseits haben gefallen lassen müssen, sind in eckige oder runde Klammern gesetzt worden. Behufs leichterer Orientirung für den Leser habe ich unter dem Texte mit Uebergehung alles Nebensächlichen die wesentlichsten Varianten unserer handschriftlichen Ueberlieferung in Bezug auf Wortlaut und Sprachform zusammengestellt, auch eine Anzahl von Verbesserungsvorschlägen erwähnt, die mir Wahrscheinlichkeit für sich zu haben scheinen, während andere, welche ich für sicher halte, Aufnahme in den Text gefunden haben. Wenn in beiden Categorien sich auch solche finden, die von mir selbst herrühren, so wird das der Sache selbst hoffentlich keinen Eintrag thun, auch wenn sie Anderen weniger sicher oder wahrscheinlich vorkommen sollten, als mir. Sollte ich dabei unwissentlich als mein Eigenthum behandelt haben, wovon Anderen die Priorität zusteht, so verzichte ich zur Strafe gern auf jeden Antheil am Lobe für das Brauchbare und trage dagegen für das Schlechte die ausschliessliche Verantwortung und die ganze Schwere des verdienten Tadels.

Die dem Texte nachfolgenden 'Erläuterungen' bezwecken Aufklärung über alles das zu geben, was aus der Anordnung des Textes selbst nicht unmittelbar oder überhaupt nicht zu entnehmen und doch für die Verdeutlichung und das volle Verständniss der vertretenen Ansicht unentbehrlich ist. Ich habe mich bemüht, den Gedankengang, in dessen Verfolgung ich zu meiner Ansicht des Ganzen wie aller einzelnen Puncte gelangt bin, vollständig so klar und übersichtlich, als das für mich erreichbar war, darzulegen, auch die Gründe, welche mein Urtheil in jedem einzelnen Falle bestimmt haben, eben so vollständig und ohne jeden Rückhalt, wenn auch in knappster Form, vorzuführen. Auch den verschiedenen Grad der Sicherheit oder Wahrscheinlichkeit, welche ich der getroffenen Entscheidung glaube zuschreiben zu dürfen, so wie die Möglichkeiten, welche etwa als daneben bestehend anzuerkennen sind, habe ich angedeutet; denn ich bin weit von der Einbildung entfernt, als ob auf dem Gebiete einer Untersuchung, wie die vorliegende, mit den uns zu Gebote stehenden Mitteln absolute Sicherheit in allen Einzelheiten je erreicht werden könnte.

Was ich also meine und warum ich es meine, wird

der Leser aus der Gesammtheit der gegebenen Darstellung ohne Schwierigkeit entnehmen können; ob ich Recht habe, so zu meinen, darüber wird ein Jeder sich sein eigenes Urtheil zu bilden haben. Möge die Entscheidung dahin ausfallen, dass es mir gelungen ist, wenn nicht das räthselvolle Problem zu lösen, doch es wenigstens seiner Lösung um einen Schritt näher zu führen.

Berlin, im Januar 1889.

A. K.

[ΗΣΙΟΔΟΥ
ΕΡΓΑ ΚΑΙ ΗΜΕΡΑΙ]

Μοῦσαι Πιερίηθεν, ἀοιδῇσι κλείουσαι,
δεῦτε, Δί' ἐννέπετε, σφέτερον πατέρ' ὑμνείουσαι
ὅν τε διὰ βροτοὶ ἄνδρες ὁμῶς ἄφατοί τε φατοί τε,
ῥητοί τ' ἄρρητοί τε, Διὸς μεγάλοιο ἕκητι.
ῥέα μὲν γὰρ βριάει, ῥέα δὲ βριάοντα χαλέπτει,   5
ῥεῖα δ' ἀρίζηλον μινύθει καὶ ἄδηλον ἀέξει,
ῥεῖα δέ τ' ἰθύνει σκολιὸν καὶ ἀγήνορα κάρφει
Ζεὺς ὑψιβρεμέτης, ὃς ὑπέρτατα δώματα ναίει.
κλῦθι ἰδὼν ἀίων τε, δίκῃ δ' ἴθυνε θέμιστας
τύνη· ἐγὼ δέ κε Πέρσῃ ἐτήτυμα μυθησαίμην.   10

1 Οὐκ ἄρα μοῦνον ἔην ἐρίδων γένος, ἀλλ' ἐπὶ γαῖαν
εἰσὶ δύω· τὴν μέν κεν ἐπαινέσσειε νοήσας,
ἣ δ' ἐπιμωμητή· διὰ δ' ἄνδιχα θυμὸν ἔχουσιν.
ἣ μὲν γὰρ πόλεμόν τε κακὸν καὶ δῆριν ὀφέλλει,
σχετλίη· οὔ τις τήν γε φιλεῖ βροτός, ἀλλ' ὑπ' ἀνάγκης   15
ἀθανάτων βουλῇσιν ἔριν τιμῶσι βαρεῖαν.
τὴν δ' ἑτέρην προτέρην μὲν ἐγείνατο νὺξ ἐρεβεννή,
θῆκε δέ μιν Κρονίδης ὑψίζυγος, αἰθέρι ναίων,
γαίης τ' ἐν ῥίζῃσι καὶ ἀνδράσι, πολλὸν ἀμείνω·
ἥ τε καὶ ἀπάλαμόν περ ὁμῶς ἐπὶ ἔργον ἐγείρει.   20

H = sämmtliche Handschriften.
h = eine (grössere oder kleinere) Anzahl von Handschriften.
2 ΔΉ *h*   5 ῥέΑ ΜΈΝ Apollonius περὶ ἐπιρρημάτων BA. II p. 562:
ῥεῖΑ ΜΈΝ *H*   10 ΠΈΡϹΗ *h*   12 ἐπΑΙΝΈϹϹΕΙΕ, ἐπΑΙΝΉϹϹΕΙΕ *h*   20 ὅΜΩϹ *k*.

τῆς ἕτερον γάρ τίς τε ἰδὼν ἔργοιο χατίζων
πλούσιον ὃς σπεύδει μὲν ἀρώμεναι ἠδὲ φυτεύειν
οἶκόν τ᾽ εὖ θέσθαι· ζηλοῖ δέ τε γείτονα γείτων
εἰς ἄφενος σπεύδοντ᾽· ἀγαθὴ δ᾽ ἔρις ἥδε βροτοῖσιν.
καὶ κεραμεὺς κεραμεῖ κοτέει καὶ τέκτονι τέκτων, 25
καὶ πτωχὸς πτωχῷ φθονέει καὶ ἀοιδὸς ἀοιδῷ.

ὦ Πέρση, σὺ δὲ ταῦτα τεῷ ἐνικάτθεο θυμῷ,
μηδέ σ᾽ ἔρις κακόχαρτος ἀπ᾽ ἔργου θυμὸν ἐρύκοι
νείκε᾽ ὀπιπεύοντ᾽ ἀγορῆς ἐπακουὸν ἐόντα.
ὥρη γάρ τ᾽ ὀλίγη πέλεται νεικέων τ᾽ ἀγορέων τε, 30
ᾧ τινι μὴ βίος ἔνδον ἐπηετανὸς κατάκειται
ὡραῖος, τὸν γαῖα φέρει, Δημήτερος ἀκτήν.
τοῦ κε κορεσσάμενος νείκεα καὶ δῆριν ὀφέλλοι
κτήμασ᾽ ἐπ᾽ ἀλλοτρίοις· σοὶ δ᾽ οὐκέτι δεύτερον ἔσται
ὧδ᾽ ἔρδειν, ἀλλ᾽ αὖθι διακρινώμεθα νεῖκος 35
ἰθείῃσι δίκῃς, αἴ τ᾽ ἐκ Διός εἰσιν ἄρισται.
ἤδη μὲν γὰρ κλῆρον ἐδασσάμεθ᾽ ἄλλα τε πολλὰ
ἁρπάζων ἐφόρεις μέγα κυδαίνων βασιλῆας
δωροφάγους, οἳ τήνδε δίκην ἐθέλουσι δικάσσαι,
νήπιοι, οὐδὲ ἴσασιν ὅσῳ πλέον ἥμισυ παντός, 40
οὐδ᾽ ὅσον ἐν μαλάχῃ τε καὶ ἀσφοδέλῳ μέγ᾽ ὄνειαρ.
κρύψαντες γὰρ ἔχουσι θεοὶ βίον ἀνθρώποισι·
ῥηιδίως γάρ κεν καὶ ἐπ᾽ ἤματι ἐργάσσαιο,
ὥστε σέ κεἰς ἐνιαυτὸν ἔχειν καὶ ἀεργὸν ἐόντα·
αἶψά κε πηδάλιον μὲν ὑπὲρ καπνοῦ καταθεῖο, 45
ἔργα βοῶν δ᾽ ἀπόλοιτο καὶ ἡμιόνων ταλαεργῶν.
ἀλλὰ Ζεὺς ἔκρυψε χολωσάμενος φρεσὶν ᾗσιν,
ὅττι μιν ἐξαπάτησε Προμηθεὺς ἀγκυλομήτης.
τοὔνεκ᾽ ἄρ᾽ ἀνθρώποισιν ἐμήσατο κήδεα λυγρά,
κρύψε δὲ πῦρ· τὸ μὲν αὖτις ἐὺς πάις Ἰαπετοῖο 50

---

22 ἀφΝειόΝ cπεύΔει? ἀρόΜεΝΑι, ἀρόΜΜεΝΑι *h*   24 ἄφεΝοΝ *h*
29 ὀπιπτεύοΝτ᾽ *h*   30 ὥρΗ *h*   33 ὀφέλλοι Schoemann: ὀφέλλοιc *H*
36 Διkhcιν, Δίkaιc *h*   50 ΑὖΤιc Spohn: Αὖθιc *H*

ἐκλέψ' ἀνθρώποισι Διὸς πάρα μητιόεντος
ἐν κοίλῳ νάρθηκι λαθὼν Δία τερπικέραυνον.
τὸν δὲ χολωσάμενος προσέφη νεφεληγερέτα Ζεύς·
'Ἰαπετιονίδη, πάντων πέρι μήδεα εἰδώς,
χαίρεις πῦρ κλέψας καὶ ἐμὰς φρένας ἠπεροπεύσας   55
σοί τ' αὐτῷ μέγα πῆμα καὶ ἀνδράσιν ἐσσομένοισι·
τοῖς δ' ἐγὼ ἀντὶ πυρὸς δώσω κακόν, ᾧ κεν ἅπαντες
τέρπωνται κατὰ θυμὸν ἑὸν κακὸν ἀμφαγαπῶντες.

ὣς ἔφατ', ἐκ δ' ἐγέλασσε πατὴρ ἀνδρῶν τε θεῶν τε·
Ἥφαιστον δ' ἐκέλευσε περικλυτὸν ὅττι τάχιστα   60
γαῖαν ὕδει φύρειν, ἐν δ' ἀνθρώπου θέμεν αὐδὴν
καὶ σθένος, ἀθανάτῃς δὲ θεῇς εἰς ὦπα ἐίσκειν
παρθενικῆς καλὸν εἶδος ἐπήρατον· αὐτὰρ Ἀθήνην
ἔργα διδασκῆσαι, πολυδαίδαλον ἱστὸν ὑφαίνειν·
καὶ χάριν ἀμφιχέαι κεφαλῇ χρυσέην Ἀφροδίτην·   65
καὶ πόθον ἀργαλέον καὶ γυιοκόρους μελεδώνας·
ἐν δὲ θέμεν κύνεόν τε νόον καὶ ἐπίκλοπον ἦθος
Ἑρμείαν ἤνωγε, διάκτορον Ἀργεϊφόντην.
[ὣς ἔφαθ'· οἳ δ' ἐπίθοντο Διὶ Κρονίωνι ἄνακτι.
αὐτίκα δ' ἐκ γαίης πλάσσε κλυτὸς Ἀμφιγυήεις   70
παρθένῳ αἰδοίῃ ἴκελον Κρονίδεω διὰ βουλάς·
ζῶσε δὲ καὶ κόσμησε θεὰ γλαυκῶπις Ἀθήνη·
ἀμφὶ δέ οἱ Χάριτές τε θεαὶ καὶ πότνια Πειθὼ
ὅρμους χρυσείους ἔθεσαν χροΐ· ἀμφὶ δὲ τήν γε
Ὧραι καλλίκομοι στέφον ἄνθεσιν εἰαρινοῖσι·   75
πάντα δέ οἱ χροῒ κόσμον ἐφήρμοσε Παλλὰς Ἀθήνη.
ἐν δ' ἄρα οἱ στήθεσσι διάκτορος Ἀργεϊφόντης
ψεύδεά θ' αἱμυλίους τε λόγους καὶ ἐπίκλοπον ἦθος
τεῦξε Διὸς βουλῇσι βαρυκτύπου· ἐν δ' ἄρα φωνὴν
θῆκε θεῶν κῆρυξ, ὀνόμηνε δὲ τήνδε γυναῖκα   80
Πανδώρην, ὅτι πάντες Ὀλύμπια δώματ' ἔχοντες
δῶρον ἐδώρησαν, πῆμ' ἀνδράσιν ἀλφηστῇσιν.]
αὐτὰρ ἐπεὶ δόλον αἰπὺν ἀμήχανον ἐξετέλεσσεν,
εἰς Ἐπιμηθέα πέμπε πατὴρ κλυτὸν Ἀργεϊφόντην
δῶρον ἄγοντα, θεῶν ταχὺν ἄγγελον· οὐδ' Ἐπιμηθεὺς   85
ἐφράσαθ', ὥς οἱ ἔειπε Προμηθεὺς μή ποτε δῶρον

---

62 ἀθανάτοις, ἀθανάταις *h* θεοίς, θεαῖς *h* 66 γυιοβόρογc *h* 68 Ἑρ-
μείην *h* 77 cτήθεccφι *h*

δέξασθαι παρ Ζηνὸς Ὀλυμπίου, ἀλλ' ἀποπέμπειν
ἐξοπίσω, μή πού τι κακὸν θνητοῖσι γένηται.
αὐτὰρ ὃ δεξάμενος, ὅτε δὴ κακὸν εἶχ', ἐνόησεν.

[πρὶν μὲν γὰρ ζώεσκον ἐπὶ χθονὶ φῦλ' ἀνθρώπων   90
νόσφιν ἄτερ τε κακῶν καὶ ἄτερ χαλεποῖο πόνοιο
νούσων τ' ἀργαλέων, αἵ τ' ἀνδράσι κῆρας ἔδωκαν·
ἀλλὰ γυνὴ χείρεσσι πίθου μέγα πῶμ' ἀφελοῦσα
ἐσκέδασ', ἀνθρώποισι δ' ἐμήσατο κήδεα λυγρά.
μούνη δ' αὐτόθι Ἐλπὶς ἐν ἀρρήκτοισι δόμοισιν   95
ἔνδον ἔμιμνε πίθου ὑπὸ χείλεσιν, οὐδὲ θύραζε
ἐξέπτη· πρόσθεν γὰρ ἐπέμβαλε πῶμα πίθοιο
αἰγιόχου βουλῇσι Διὸς νεφεληγερέταο.
ἄλλα δὲ μυρία λυγρὰ κατ' ἀνθρώπους ἀλάληται.   100
πλείη μὲν γὰρ γαῖα κακῶν, πλείη δὲ θάλασσα·
νοῦσοι δ' ἀνθρώποισιν ἐφ' ἡμέρῃ ἠδ' ἐπὶ νυκτὶ
αὐτόματοι φοιτῶσι κακὰ θνητοῖσι φέρουσαι
σιγῇ, ἐπεὶ φωνὴν ἐξείλετο μητίετα Ζεύς.]
οὕτως οὔ τί πη ἔστι Διὸς νόον ἐξαλέασθαι.

Εἰ δ' ἐθέλεις, ἕτερόν τοι ἐγὼ λόγον ἐκκορυφώσω   105
εὖ καὶ ἐπισταμένως· σὺ δ' ἐνὶ φρεσὶ βάλλεο σῇσι.
[ὡς ὁμόθεν γεγάασι θεοὶ θνητοί τ' ἄνθρωποι.]
χρύσεον μὲν πρώτιστα γένος μερόπων ἀνθρώπων
ἀθάνατοι ποίησαν Ὀλύμπια δώματ' ἔχοντες.
οἳ μὲν ἐπὶ Κρόνου ἦσαν, ὅτ' οὐρανῷ ἐμβασίλευεν·   110
ὥς τε θεοὶ δ' ἔζωον ἀκηδέα θυμὸν ἔχοντες,
νόσφιν ἄτερ τε πόνων καὶ ὀϊζύος· οὐδέ τι δειλὸν
γῆρας ἐπῆν, αἰεὶ δὲ πόδας καὶ χεῖρας ὁμοῖοι
τέρποντ' ἐν θαλίῃσι κακῶν ἔκτοσθεν ἁπάντων·
θνῇσκον δ' ὥς θ' ὕπνῳ δεδμημένοι· ἐσθλὰ δὲ πάντα   115
τοῖσιν ἔην· καρπὸν δ' ἔφερε ζείδωρος ἄρουρα
αὐτομάτη πολλόν τε καὶ ἄφθονον· οἳ δ' ἐθελημοὶ

---

90 πρὶν μὲν ζώεσκον, πρώην μεν ζώεσκον h   92 γῆρας und nach
92 der Homerische Vers τ 360 αἶψα γὰρ ἐν κακότητι βροτοὶ κατα-
γηράσκουσιν (theils im Text, theils am Rande) h   96 ἔμεινε h
97 ἐπέλλαβε h   98 fehlt bei Plutarch Mor. p. 105 und in h.

ἥσυχοι ἔργ' ἐνέμοντο σὺν ἐσθλοῖσιν πολέεσσιν.
αὐτὰρ ἐπειδὴ τοῦτο γένος κατὰ γαῖα κάλυψε,
τοὶ μὲν δαίμονές εἰσι Διὸς μεγάλου διὰ βουλὰς 120
ἐσθλοί, ἐπιχθόνιοι, φύλακες θνητῶν ἀνθρώπων,
πλουτοδόται· καὶ τοῦτο γέρας βασιλήιον ἔσχον.
δεύτερον αὖτε γένος πολὺ χειρότερον μετόπισθεν
ἀργύρεον ποίησαν Ὀλύμπια δώματ' ἔχοντες,
χρυσέῳ οὔτε φυὴν ἐναλίγκιον οὔτε νόημα. 125
ἀλλ' ἑκατὸν μὲν παῖς ἔτεα παρὰ μητέρι κεδνῇ
ἐτρέφετ' ἀτάλλων, μέγα νήπιος, ᾧ ἐνὶ οἴκῳ·
ἀλλ' ὅτ' ἄρ' ἡβήσαι καὶ ἥβης μέτρον ἵκοιτο,
παυρίδιον ζώεσκον ἐπὶ χρόνον, ἄλγε' ἔχοντες
ἀφραδίῃς· ὕβριν γὰρ ἀτάσθαλον οὐκ ἐδύναντο 130
ἀλλήλων ἀπέχειν, οὐδ' ἀθανάτους θεραπεύειν
ἤθελον, οὐδ' ἔρδειν μακάρων ἱεροῖς ἐπὶ βωμοῖς,
ᾗ θέμις ἀνθρώποισι κατ' ἤθεα. τοὺς μὲν ἔπειτα
Ζεὺς Κρονίδης ἔκρυψε χολούμενος, οὕνεκα τιμὰς
οὐκ ἔδιδον μακάρεσσι θεοῖς, οἳ Ὄλυμπον ἔχουσιν. 135
αὐτὰρ ἐπεὶ καὶ τοῦτο γένος κατὰ γαῖα κάλυψε,
τοὶ μὲν ὑποχθόνιοι μάκαρες θνητοὶ καλέονται,
δεύτεροι, ἀλλ' ἔμπης τιμὴ καὶ τοῖσιν ὀπηδεῖ.
Ζεὺς δὲ πατὴρ τρίτον ἄλλο γένος μερόπων ἀνθρώπων
χάλκειον ποίησ', οὐκ ἀργυρέῳ οὐδὲν ὁμοῖον, 140
ἐκ μελιᾶν, δεινόν τε καὶ ὄβριμον, οἷσιν Ἄρηος
ἔργ' ἔμελε στονόεντα καὶ ὕβριες· οὐδέ τι σῖτον

---

118 ἔργα νέμοντο *h*. Auf diesen Vers folgt in dem Citat bei Diodor V, 66 ein anderer:

ἀφνειοὶ μήλοισι, φίλοι μακάρεσσι θεοῖσιν,

welcher der Ueberlieferung von *H* unbekannt ist. 119 ἐπειδή Plato Cratyl. p. 397: ἐπεί κε(ν) *H* 121 Zwischen diesem und dem folgenden Verse stehen jetzt in *H* die beiden aus 250. 251 entlehnten:

οἵ ῥα φυλάσσουσίν τε δίκας καὶ σχέτλια ἔργα,
ἠέρα ἑσσάμενοι πάντη φοιτῶντες ἐπ' αἶαν,

welche aus einer Randbemerkung in den Text gerathen sind. 128 ὅταν (ὑτ' ἂν) ἡβήςῃ τε *h* 130 ἀφραδίαις *h* 133 ᾗ *H* 135 ἔδιδον Ranch: ἐδίδων, ἐδίδουν *H* 140 ἀργυρέῳ Spohn: ἀργυρῷ, ἀργύρῳ *H*.

ἤσθιον, ἀλλ' ἀδάμαντος ἔχον κρατερόφρονα θυμόν,
ἄπλαστοι· μεγάλη δὲ βίη καὶ χεῖρες ἄαπτοι
ἐξ ὤμων ἐπέφυκον ἐπὶ στιβαροῖσι μέλεσσι. 145
[τῶν δ' ἦν χάλκεα μὲν τεύχεα, χάλκεοι δέ τε οἶκοι,
χαλκῷ δ' εἰργάζοντο· μέλας δ' οὐκ ἔσκε σίδηρος.]
καὶ τοὶ μὲν χείρεσσιν ὑπὸ σφετέρῃσι δαμέντες
βῆσαν ἐς εὐρώεντα δόμον κρυεροῦ Ἀίδαο
νώνυμνοι· θάνατος δὲ καὶ ἐκπάγλους περ ἐόντας 150
εἷλε μέλας, λαμπρὸν δ' ἔλιπον φάος ἠελίοιο.

[αὐτὰρ ἐπεὶ καὶ τοῦτο γένος κατὰ γαῖα κάλυψε,
αὖτις ἔτ' ἄλλο τέταρτον ἐπὶ χθονὶ πουλυβοτείρῃ
Ζεὺς Κρονίδης ποίησε, δικαιότερον καὶ ἄρειον,
ἀνδρῶν ἡρώων θεῖον γένος, οἳ καλέονται 155
ἡμίθεοι προτέρῃ γενεῇ κατ' ἀπείρονα γαῖαν.
καὶ τοὺς μὲν πόλεμός τε κακὸς καὶ φύλοπις αἰνή
τοὺς μὲν ὑφ' ἑπταπύλῳ Θήβῃ, Καδμηίδι γαίῃ,
ὤλεσε μαρναμένους μήλων ἕνεκ' Οἰδιπόδαο,
τοὺς δὲ καὶ ἐν νήεσσιν ὑπὲρ μέγα λαῖτμα θαλάσσης 160
ἐς Τροίην ἀγαγὼν Ἑλένης ἕνεκ' ἠυκόμοιο.
ἔνθ' ἦτοι τοὺς μὲν θανάτου τέλος ἀμφεκάλυψε,
τοῖς δὲ δίχ' ἀνθρώπων βίοτον καὶ ἤθε' ὀπάσσας
Ζεὺς Κρονίδης κατένασσε πατὴρ ἐς πείρατα γαίης.
τηλοῦ ἀπ' ἀθανάτων· τοῖσιν Κρόνος ἐμβασιλεύει. 165
καὶ τοὶ μὲν ναίουσιν ἀκηδέα θυμὸν ἔχοντες
ἐν μακάρων νήσοισι παρ' Ὠκεανὸν βαθυδίνην,
ὄλβιοι ἥρωες, τοῖσιν μελιηδέα καρπὸν
τρὶς ἔτεος θάλλοντα φέρει ζείδωρος ἄρουρα.]
μηκέτ' ἔπειτ' ὤφειλον ἐγὼ [πέμπτοισι] μετεῖναι 170
ἀνδράσιν, ἀλλ' ἢ πρόσθε θανεῖν ἢ ἔπειτα γενέσθαι.
νῦν γὰρ δὴ γένος ἐστὶ σιδήρεον· οὐδέ ποτ' ἦμαρ
παύσονται καμάτου καὶ ὀιζύος, οὐδέ τι νύκτωρ
φθειρόμενοι· χαλεπὰς δὲ θεοὶ δώσουσι μερίμνας.
ἀλλ' ἔμπης καὶ τοῖσι μεμίξεται ἐσθλὰ κακοῖσι. 175
Ζεὺς δ' ὀλέσει καὶ τοῦτο γένος μερόπων ἀνθρώπων,

---

144 ἄπλατοι, ἄπλητοι h   145 cτιβαρυῖc μελέεccιν h   146 τοῖc h
147 ἐργάζοντο h   156 προτέρῃ γενεῇ h   158 ἐφ' h   165 fehlt
in h ἐνβαcιλεύει Marcellus von Side C. I. G. III 6280 B z. 9: ἐмBaciλεγε H   170 ὤφελλον h.

εντ' ἂν γεινόμενοι πολιοκρόταφοι τελίθωσιν.
[οὐδὲ πατὴρ παίδεσσιν ὁμοίιος οὐδέ τι παῖδες,
οὐδὲ ξεῖνος ξεινοδόκῳ καὶ ἑταῖρος ἑταίρῳ,
οὐδὲ κασίγνητος φίλος ἔσσεται, ὡς τὸ πάρος περ. 180
αἶψα δὲ γηράσκοντας ἀτιμήσουσι τοκῆας·
μέμψονται δ' ἄρα τοὺς χαλεποῖς βάζοντες ἔπεσσι,
σχέτλιοι, οὐδὲ θεῶν ὄπιν εἰδότες· οὐδέ κεν οἵ γε
γηράντεσσι τοκεῦσιν ἀπὸ θρεπτήρια δοῖεν,
χειροδίκαι· ἕτερος δ' ἑτέρου πόλιν ἐξαλαπάξει. 185
οὐδέ τις εὐόρκου χάρις ἔσσεται οὔτε δικαίου
οὔτ' ἀγαθοῦ, μᾶλλον δὲ κακῶν ῥεκτῆρα καὶ ὕβριν
ἀνέρα τιμήσουσι· δίκη δ' ἐν χερσὶ καὶ αἰδὼς
οὐκ ἔσται· βλάψει δ' ὁ κακὸς τὸν ἀρείονα φῶτα
μύθοισι σκολιοῖς ἐνέπων, ἐπὶ δ' ὅρκον ὀμεῖται. 190
ζῆλος δ' ἀνθρώποισιν ὀιζυροῖσιν ἅπασι
δυσκέλαδος κακόχαρτος ὁμαρτήσει στυγερώπης.
καὶ τότε δὴ πρὸς Ὄλυμπον ἀπὸ χθονὸς εὐρυοδείης
λευκοῖσιν φάρεσσι καλυψαμένω χρόα καλὸν
ἀθανάτων μετὰ φῦλον ἴτον προλιπόντ' ἀνθρώπους 195
Αἰδὼς καὶ Νέμεσις· τὰ δὲ λείψεται ἄλγεα λυγρὰ
θνητοῖς ἀνθρώποισι· κακοῦ δ' οὐκ ἔσσεται ἀλκή.]

2 Νῦν δ' αἶνον βασιλεῦσιν ἐρέω φρονέουσι καὶ αὐτοῖς.
ὧδ' ἴρηξ προσέειπεν ἀηδόνα ποικιλόδειρον
ὕψι μάλ' ἐν νεφέεσσι φέρων ὀνύχεσσι μεμαρπώς· 200
ἣ δ' ἐλεόν, γναμπτοῖσι πεπαρμένη ἀμφ' ὀνύχεσσι,
μύρετο· τὴν ὅ γ' ἐπικρατέως πρὸς μῦθον ἔειπε·
δαιμονίη, τί λέληκας; ἔχει νύ σε πολλὸν ἀρείων·
τῇ δ' εἶς ᾗ σ' ἂν ἐγώ περ ἄγω καὶ ἀοιδὸν ἐοῦσαν·
δεῖπνον δ', αἴ κ' ἐθέλω, ποιήσομαι ἠὲ μεθήσω. 205

---

182 Βάζοντ' ἐπέεccι *h* 183 κεν Brunck: μέν *ll* 194 φάρεccι
Inschrift von Acharnae bei Kaibel Ep. Gr. n. 1110 p. 502:
φαρέεccι *ll* καλγψαμένα die Inschrift: καλυψαμένω, καλυψάμεναι *ll*
195 ἴτον die Inschrift und *h*: ἴτην *h* 198 Βacιλεγc' ἐρέω *h*.

αφρων δ', ὅς κ' ἐθέλῃ πρὸς κρείσσονας ἀντιφερίζειν·
νίκης τε στέρεται πρός τ' αἴσχεσιν ἄλγεα πάσχει.
ὣς ἔφατ' ὠκυπέτης ἴρηξ, τανυσίπτερος ὄρνις.

3 Ὦ Πέρση, σὺ δ' ἄκουε δίκης, μηδ' ὕβριν ὀφελλε·
ὕβρις γάρ τε κακὴ δειλῷ βροτῷ· οὐδὲ μὲν ἐσθλὸς   210
ῥηιδίως φερέμεν δύναται, βαρύθει δέ θ' ὑπ' αὐτῆς
ἐγκύρσας ἄτῃσιν· ὁδὸς δ' ἑτέρηφι παρελθεῖν
κρείσσων ἐς τὰ δίκαια· δίκη δ' ὑπὲρ ὕβριος ἴσχει
ἐς τέλος ἐξελθοῦσα· παθὼν δέ τε νήπιος ἔγνω.
αὐτίκα γὰρ τρέχει ὅρκος ἅμα σκολιῇσι δίκῃσι,   215
τῆς δὲ δίκης ῥόθος ἑλκομένης, ᾗ κ' ἄνδρες ἄγωσι
δωροφάγοι, σκολιῇς δὲ δίκης κρίνωσι θέμιστας.
ἣ δ' ἕπεται κλαίουσα πόλιν καὶ ἤθεα λαῶν,
ἠέρα ἑσσαμένη, κακὸν ἀνθρώποισι φέρουσα,
οἵ τε μιν ἐξελάσωσι καὶ οὐκ ἰθεῖαν ἔνειμαν.   220
οἳ δὲ δίκας ξείνοισι καὶ ἐνδήμοισι διδοῦσιν
ἰθείας καὶ μή τι παρεκβαίνουσι δικαίου,
τοῖσι τέθηλε πόλις, λαοὶ δ' ἀνθεῦσιν ἐν αὐτῇ·
εἰρήνη δ' ἀνὰ γῆν κουροτρόφος, οὐδέ ποτ' αὐτοῖς
ἀργαλέον πόλεμον τεκμαίρεται εὐρύοπα Ζεύς·   225
οὐδέ ποτ' ἰθυδίκῃσι μετ' ἀνδράσι λιμὸς ὀπηδεῖ,
οὐδ' ἄτη, θαλίης δὲ μεμηλότα ἔργα νέμονται.
τοῖσι φέρει μὲν γαῖα πολὺν βίον, οὔρεσι δὲ δρῦς
ἄκρη μέν τε φέρει βαλάνους, μέσση δὲ μελίσσας·
εἰροπόκοι δ' ὄιες μαλλοῖς καταβεβρίθασι·   230
τίκτουσιν δὲ γυναῖκες ἐοικότα τέκνα τοκεῦσι·
θάλλουσιν δ' ἀγαθοῖσι διαμπερές· οὐδ' ἐπὶ νηῶν
νίσσονται, καρπὸν δὲ φέρει ζείδωρος ἄρουρα.
οἷς δ' ὕβρις τε μέμηλε κακὴ καὶ σχέτλια ἔργα,

217 cκολιᾶιc δὲ δίκαιc h   226 ἰθυδίκαιcι, — οιcι h   231 ΓΟΝΕγcι h.

τοῖς δὲ δίκην Κρονίδης τεκμαίρεται εὐρύοπα Ζεύς.   235
πολλάκι καὶ ξύμπασα πόλις κακοῦ ἀνδρὸς ἀπηύρα,
ὅς τις ἀλιτραίνει καὶ ἀτάσθαλα μηχανάαται.
τοῖσιν δ' οὐρανόθεν μέγ' ἐπήγαγε πῆμα Κρονίων,
λιμὸν ὁμοῦ καὶ λοιμόν· ἀποφθινύθουσι δὲ λαοί·
οὐδὲ γυναῖκες τίκτουσιν, μινύθουσι δὲ οἶκοι,   240
Ζηνὸς φραδμοσύνησιν Ὀλυμπίου. ἄλλοτε δ' αὖτε
ἢ τῶν γε στρατὸν εὐρὺν ἀπώλεσεν ἢ ὅ γε τεῖχος,
ἢ νέας ἐν πόντῳ Κρονίδης ἀποτίνυται αὐτῶν.

4 Ὦ βασιλεῖς, ὑμεῖς δὲ καταφράζεσθε καὶ αὐτοὶ
τήνδε δίκην· ἐγγὺς γὰρ ἐν ἀνθρώποισιν ἐόντες   245
ἀθάνατοι φράζονται, ὅσοι σκολιῇσι δίκησιν
ἀλλήλους τρίβουσι θεῶν ὄπιν οὐκ ἀλέγοντες.
τρὶς γὰρ μύριοί εἰσιν ἐπὶ χθονὶ πουλυβοτείρῃ
ἀθάνατοι Ζηνὸς φύλακες θνητῶν ἀνθρώπων·
οἵ ῥα φυλάσσουσίν τε δίκας καὶ σχέτλια ἔργα,   250
ἠέρα ἐσσάμενοι πάντῃ φοιτῶντες ἐπ' αἶαν.
ἥ δέ τε παρθένος ἐστὶ δίκη Διὸς ἐκγεγαυῖα,
κυδρή τ' αἰδοίη τε θεοῖς, οἳ Ὄλυμπον ἔχουσι.
καὶ ῥ' ὁπότ' ἄν τίς μιν βλάπτῃ σκολιῶς ὀνοτάζων,
αὐτίκα παρ Διὶ πατρὶ καθεζομένη Κρονίωνι   255
γηρύετ' ἀνθρώπων ἄδικον νόον, ὄφρ' ἀποτίσῃ
δῆμος ἀτασθαλίας βασιλέων, οἳ λυγρὰ νοεῦντες
ἄλλῃ παρκλίνωσι δίκας σκολιῶς ἐνέποντες.
ταῦτα φυλασσόμενοι, βασιλεῖς, ἰθύνετε μύθους,
δωροφάγοι, σκολιῶν δὲ δικέων ἐπὶ πάγχυ λάθεσθε·   260
οἷ γ' αὐτῷ κακὰ τεύχει ἀνὴρ ἄλλῳ κακὰ τεύχων,
ἡ δὲ κακὴ βουλὴ τῷ βουλεύσαντι κακίστη.

---

246 ἀθάνατοι λεύσσουσιν h   253 κυδνή h   256 ἀδίκων h   257 Βα-
σιλήων h   258 παρ(α)κλίνογοι h   259 Βασιλῆες h   260 δικέων:
δικῶν H   261 οἷ Γ' αὐτῷ Reach: οἳ τ' αὐτῷ, οἳ θ' αὐτῷ, οἱ αὐτῷ H.

— 12 —

πάντα ἰδὼν Διὸς ὀφθαλμὸς καὶ πάντα νοήσας
καί νυ τάδ', αἴ κ' ἐθέλῃσ', ἐπιδέρκεται, οὐδέ ἑ λήθει,
οἵην δὴ καὶ τήνδε δίκην πόλις ἐντὸς ἐέργει.   265

5 Νῦν δὴ ἐγὼ μήτ' αὐτὸς ἐν ἀθρώποισι δίκαιος
εἴην μήτ' ἐμὸς υἱός· ἐπεὶ κακὸν ἄνδρα δίκαιον
ἔμμεναι, εἰ μείζω γε δίκην ἀδικώτερος ἕξει.
ἀλλὰ τά γ' οὔπω ἔολπα τελεῖν Δία τερπικέραυνον.
  ὦ Πέρση, σὺ δὲ ταῦτα μετὰ φρεσὶ βάλλεο σῇσι,   270
καί νυ δίκης ἐπάκουε, βίης δ' ἐπιλήθεο πάμπαν.
τόνδε γὰρ ἀθρώποισι νόμον διέταξε Κρονίων,
ἰχθύσι μὲν καὶ θηρσὶ καὶ οἰωνοῖς πετεηνοῖς
ἔσθειν ἀλλήλους, ἐπεὶ οὐ δίκη ἐστὶν ἐπ' αὐτοῖς·
ἀνθρώποισι δ' ἔδωκε δίκην, ἣ πολλὸν ἀρίστη   275
γίγνεται. εἰ γάρ τίς κ' ἐθέλῃ τὰ δίκαι' ἀγορεύειν
γιγνώσκων, τῷ μέν τ' ὄλβον διδοῖ εὐρύοπα Ζεύς·
ὃς δέ κε μαρτυρίῃσιν ἑκὼν ἐπίορκον ὀμόσσας
ψεύσεται, ἐν δὲ δίκην βλάψας νήκεστον ἀασθῇ,
τοῦ δέ τ' ἀμαυροτέρη γενεὴ μετόπισθε λέλειπται·   280
ἀνδρὸς δ' εὐόρκου γενεὴ μετόπισθεν ἀμείνων.

6 Σοὶ δ' ἐγὼ ἐσθλὰ νοέων ἐρέω, μέγα νήπιε Πέρση.
τὴν μέν τοι κακότητα καὶ ἰλαδὸν ἔστιν ἑλέσθαι
ῥηιδίως· λείη μὲν ὁδός, μάλα δ' ἐγγύθι ναίει.
τῆς δ' ἀρετῆς ἱδρῶτα θεοὶ προπάροιθεν ἔθηκαν   285

266 ΝῩΝ Δέ ἐγώ, ΝῩΝ Δ' ἐγώ h   269 ΔίΑ ΜΗΤΙΌΕΝΤΑ h   274 ἐc-
θέΜΕΝ Clemens Al. Strom. I p. 154 ἐΝ ΑΎΤΟῖc h ΜΕΤ' ΑΎΤΟῖc
(ΑΎΤῶΝ) in Citaten der nachchristlichen Zeit.   279 ΛΑcΘῆ Schaefer:
ΛΆcΘΗ (ΛΑcΘῶc eine) H   284 ΛΕΊΗ Plato Rep. II p. 364. Xeno-
phon Memor. II 1, 20: ὀλίΓΗ H

ἀθάνατοι· μακρος δὲ καὶ ὄρθιος οἶμος ἐς αὐτὴν
καὶ τρηχὺς τὸ πρῶτον· ἐπὴν δ' εἰς ἄκρον ἵκηται,
ῥηιδίη δὴ ἔπειτα πέλει χαλεπή περ ἐοῦσα.

7 Οὗτος μὲν πανάριστος, ὃς αὐτῷ πάντα νοήσῃ
φρασσάμενος, τά κ' ἔπειτα καὶ ἐς τέλος ᾖσιν ἀμείνω· 290
ἐσθλὸς δ' αὖ κἀκεῖνος, ὃς εὖ εἰπόντι πίθηται·
ὃς δέ κε μήτ' αὐτὸς νοέῃ μήτ' ἄλλου ἀκούων
ἐν θυμῷ βάλληται, ὃ δ' αὖτ' ἀχρήιος ἀνήρ.
ἀλλὰ σύ γ' ἡμετέρης μεμνημένος αἰὲν ἐφετμῆς
ἐργάζευ, Πέρση, δῖον γένος, ὄφρα σε λιμὸς 295
ἐχθαίρῃ, φιλέῃ δέ σ' ἐυστέφανος Δημήτηρ,
αἰδοίη, βιότου δὲ τεὴν πιμπλῇσι καλιήν.
λιμὸς γάρ τοι πάμπαν ἀεργῷ σύμφορος ἀνδρί·
τῷ δὲ θεοὶ νεμεσῶσι καὶ ἀνέρες, ὅς κεν ἀεργὸς
ζώῃ, κηφήνεσσι κοθούροις εἴκελος ὁρμήν, 300
οἵ τε μελισσάων κάματον τρύχουσιν ἀεργοὶ
ἔσθοντες· σοὶ δ' ἔργα φίλ' ἔστω μέτρια κοσμεῖν,
ὥς κέ τοι ὡραίου βιότου πλήθωσι καλιαί.
ἐξ ἔργων δ' ἄνδρες πολύμηλοί τ' ἀφνειοί τε·
καί τ' ἐργαζόμενος πολὺ φίλτερος ἀθανάτοισιν 305
ἔσσεαι ἠδὲ βροτοῖς· μάλα γαρ στυγέουσιν ἀεργούς.
ἔργον δ' οὐδὲν ὄνειδος, ἀεργίη δέ τ' ὄνειδος.
εἰ δέ κεν ἐργάζῃ, τάχα σε ζηλώσει ἀεργὸς
πλουτεῦντα· πλούτῳ δ' ἀρετὴ καὶ κῦδος ὀπηδεῖ.

286 ἐπ' ᾰὐτήν *h* 289 ᾰὐτῷ *h* 292 μήτ' ᾰὐτὸς Aristoteles Eth.
Nic. I 2 p. 1095 und *h*: μήτ' ᾰὐτῷ, μήθ' ᾰὐτῷ *h* 300 ὀργήν *h*
und Stobaeus Flor. XXX 5 306 fehlt in *h* und bei Stobaeus Flor.
XXIX 3.

8 Δαιμόνι', οἷος ἔησθα· τὸ ἐργάζεσθαι ἄμεινον, 310
εἴ κεν ἀπ' ἀλλοτρίων κτεάνων ἀεσίφρονα θυμὸν
εἰς ἔργον τρέψας μελετᾷς βίου, ὥς σε κελεύω.
αἰδὼς δ' οὐκ ἀγαθὴ κεχρημένον ἄνδρα κομίζειν.
[αἰδώς, ἥ τ' ἄνδρας μέγα σίνεται ἠδ' ὀνίνησιν.
αἰδώς τοι πρὸς ἀνολβίῃ, θάρσος δὲ πρὸς ὄλβῳ.] 315
χρήματα δ' οὐχ ἁρπακτά, θεόσδοτα πολλὸν ἀμείνω.
εἰ γάρ τις καὶ χερσὶ βίῃ μέγαν ὄλβον ἕληται,
ἢ ὅ γ' ἀπὸ γλώσσης ληίσσεται, οἷά τε πολλὰ
γίγνεται, εὖτ' ἂν δὴ κέρδος νόον ἐξαπατήσῃ
ἀνθρώπων, αἰδῶ δέ τ' ἀναιδείη κατοπάζῃ· 320
ῥεῖα δέ μιν μαυροῦσι θεοί, μινύθουσι δὲ οἶκον
ἀνέρι τῷ, παῦρον δέ τ' ἐπὶ χρόνον ὄλβος ὀπηδεῖ.

[Ἶσον δ' ὅς θ' ἱκέτην ὅς τε ξεῖνον κακὸν ἔρξῃ,
ὅς τε κασιγνήτοιο ἑοῦ ἀνὰ δέμνια βαίνῃ
(κρυπταδίης εὐνῆς ἀλόχου, παρακαίρια ῥέζων,) 325
ὅς τέ τευ ἀφραδίῃς ἀλιταίνεται ὀρφανὰ τέκνα,
ὅς τε γονῆα γέροντα κακῷ ἐπὶ γήραος οὐδῷ
νεικείῃ χαλεποῖσι καθαπτόμενος ἐπέεσσιν·
τῷ δ' ἤτοι Ζεὺς αὐτὸς ἀγαίεται, ἐς δὲ τελευτὴν
ἔργων ἀντ' ἀδίκων χαλεπὴν ἐπέθηκεν ἀμοιβήν. 330
ἀλλὰ σὺ τῶν μὲν πάμπαν ἔεργ' ἀεσίφρονα θυμόν,
καδδύναμιν δ' ἔρδειν ἱέρ' ἀθανάτοισι θεοῖσιν
ἁγνῶς καὶ καθαρῶς, ἐπὶ δ' ἀγλαὰ μηρία καίειν·
ἄλλοτε δὲ σπονδῇσι θύεσσί τε ἱλάσκεσθαι,
ἠμὲν ὅτ' εὐνάζῃ καὶ ὅτ' ἂν φάος ἱερὸν ἔλθῃ, 335
ὥς κέ τοι ἵλαον κραδίην καὶ θυμὸν ἔχωσιν.
(ὄφρ' ἄλλων ὠνῇ κλῆρον, μὴ τὸν τεὸν ἄλλος.)

Τὸν φιλέοντ' ἐπὶ δαῖτα καλεῖν, τὸν δ' ἐχθρὸν ἐᾶσαι·
τὸν δὲ μάλιστα καλεῖν, ὅς τις σέθεν ἐγγύθι ναίει·

---

310 δαιμόνι' Lehrs: δαίμυνι δ' H.   813 κομίζειν Hermann: κυ-
μίζει H   321 οἶκον Bergk: οἶκοι H   323 ἔρξει, ἑέρξει, ἔρξει,
ῥέξει, ἑέρξῃ gp. κακὰ ῥέξῃ H   324 Βαίνῃ, Βαίνει, Βαίνοι H
326 ἀλιταίνητ' Rzach.

— 15 —

εἰ γάρ τοι καὶ χρῆμ' ἐγκώμιον ἄλλο γένηται, 340
γείτονες ἄζωστοι ἔκιον, ζώσαντο δὲ πηοί.
πῆμα κακὸς γείτων, ὅσσον τ' ἀγαθὸς μέγ' ὄνειαρ.
ἔμμορέ τοι τιμῆς, ὅς τ' ἔμμορε γείτονος ἐσθλοῦ.
οὐδ' ἂν βοῦς ἀπόλοιτ', εἰ μὴ γείτων κακὸς εἴη.
εὖ μὲν μετρεῖσθαι παρὰ γείτονος, εὖ δ' ἀποδοῦναι, 345
αὐτῷ τῷ μέτρῳ καὶ λώιον, αἴ κε δύνηαι,
ὡς ἂν χρηίζων καὶ ἐς ὕστερον ἄρκιον εὕρῃς.
μὴ κακὰ κερδαίνειν· κακὰ κέρδεα ἶσ' ἄτῃσι.
τὸν φιλέοντα φιλεῖν, καὶ τῷ προσιόντι προσεῖναι·
καὶ δόμεν, ὅς κεν δῷ, καὶ μὴ δόμεν, ὅς κεν μὴ δῷ. 350
δώτῃ μέν τις ἔδωκεν, ἀδώτῃ δ' οὔ τις ἔδωκε.
δὼς ἀγαθή, ἅρπαξ δὲ κακή, θανάτοιο δότειρα.
ὃς μὲν γάρ κεν ἀνὴρ ἐθέλων, ὅ γε κἂν μέγα δῷ,
χαίρει τῷ δώρῳ καὶ τέρπεται ὃν κατὰ θυμόν·
ὃς δέ κεν αὐτὸς ἕληται ἀναιδείῃσι πιθήσας, 355
καί τε σμικρὸν ἐόν, τό γ' ἐπάχνωσεν φίλον ἦτορ.
εἰ γάρ κεν καὶ σμικρὸν ἐπὶ σμικρῷ καταθεῖο
καὶ θαμὰ τοῦτ' ἔρδοις, τάχα κεν μέγα καὶ τὸ γένοιτο.
ὃς δ' ἐπ' ἐόντι φέρει, ὃ δ' ἀλέξεται αἴθοπα λιμόν.
οὐδὲ τό γ' εἰν οἴκῳ κατακείμενον ἀνέρα κήδει. 360
οἴκοι βέλτερον εἶναι, ἐπεὶ βλαβερὸν τὸ θύρηφιν.
ἐσθλὸν μὲν παρεόντος ἑλέσθαι, πῆμα δὲ θυμῷ
χρηίζειν ἀπεόντος, ἅ σε φράζεσθαι ἄνωγα.
ἀρχομένου δὲ πίθου καὶ λήγοντος κορέσασθαι,
μεσσόθι φείδεσθαι· δειλὴ δ' ἐνὶ πυθμένι φειδώ. 365
μισθὸς δ' ἀνδρὶ φίλῳ εἰρημένος ἄρκιος ἔστω.
καί τε κασιγνήτῳ γελάσας ἐπὶ μάρτυρα θέσθαι.
πίστιες ἄρ τοι ὁμῶς καὶ ἀπιστίαι ὤλεσαν ἄνδρας.
μὴ δὲ γυνή σε νόον πυγοστόλος ἐξαπατάτω
αἱμύλα κωτίλλουσα, τεὴν διφῶσα καλιήν. 370
ὃς δὲ γυναικὶ πέποιθε, πέποιθ' ὅ γε φηλήτῃσι.
μουνογενὴς δὲ πάις εἴη πατρώιον οἶκον
φερβέμεν· ὣς γὰρ πλοῦτος ἀέξεται ἐν μεγάροισι.

340 ἐγχώριον h γένοιτο Stephanus Byz. v. κώμη   348 ἶσα ἄτῃσι h
353 καὶ μέγα δυίη h   354 τέρπεθ' ἐόν h   366—368 fehlen in h
368 πίστιες ἄρ τοι ὁμῶς Rzach: πίστεις δ' ἄρ (ἄρ', ἄρα, ἄρα)
ὁμῶς h   372 σώζοι für εἴη h.

— 16 —

γηραιὸς δὲ θάνοις ἕτερον παῖδ' ἐγκαταλείπων.
ῥεῖα δέ κεν πλεόνεσσι πόροι Ζεὺς ἄσπετον ὄλβον· 375
πλείων μὲν πλεόνων μελέτη, μείζων δ' ἐπιθήκη.]

σοὶ δ' εἰ πλούτου θυμὸς ἐέλδεται ἐν φρεσὶ σῇσιν,
ὧδ' ἔρδειν, ἔργον δέ τ' ἐπ' ἔργῳ ἐργάζεσθαι.
Πληιάδων Ἀτλαγενέων ἐπιτελλομενάων
ἄρχεσθ' ἀμήτου, ἀρότοιο δὲ δυσομενάων. 380
αἳ δ' ἤτοι νύκτας τε καὶ ἤματα τεσσαράκοντα
κεκρύφαται, αὖτις δὲ περιπλομένου ἐνιαυτοῦ
φαίνονται τὰ πρῶτα χαρασσομένοιο σιδήρου.
οὗτός τοι πεδίων πέλεται νόμος, οἵ τε θαλάσσης
ἐγγύθι ναιετάουσ', οἵ τ' ἄγκεα βησσήεντα, 385
πόντου κυμαίνοντος ἀπόπροθι, πίονα χῶρον
ναίουσιν· γυμνὸν σπείρειν, γυμνὸν δὲ βοωτεῖν,
γυμνὸν δ' ἀμάειν, εἴ χ' ὥρια πάντ' ἐθέλῃσθα
ἔργα κομίζεσθαι Δημήτερος· ὥς τοι ἕκαστα
ὥρι' ἀέξηται, μή πως τὰ μέταζε χατίζων 390
πτώσσῃς ἀλλοτρίους οἴκους καὶ μηδὲν ἀνύσσῃς.
ὡς καὶ νῦν ἐπ' ἔμ' ἦλθες· ἐγὼ δέ τοι οὐκ ἐπιδώσω,
οὐδ' ἐπιμετρήσω· ἐργάζευ, νήπιε Πέρση,
ἔργα, τά τ' ἀνθρώποισι θεοὶ διετεκμήραντο,
μή ποτε σὺν παίδεσσι γυναικί τε θυμὸν ἀχεύων 395
ζητεύῃς βίοτον κατὰ γείτονας, οἳ δ' ἀμελῶσι.
δὶς μὲν γὰρ καὶ τρὶς τάχα τεύξεαι· ἢν δ' ἔτι λυπῇς,
χρῆμα μὲν οὐ πρήξεις, σὺ δ' ἐτώσια πόλλ' ἀγορεύσεις·
ἀχρεῖος δ' ἔσται ἐπέων νομός. ἀλλά σ' ἄνωγα
φράζεσθαι χρειῶν τε λύσιν λιμοῦ τ' ἀλεωρήν. 400
οἶκον μὲν πρώτιστα γυναῖκά τε βοῦν τ' ἀροτῆρα,
[κτητήν, οὐ γαμετήν, ἥ τις καὶ βουσὶν ἕποιτο,]
χρήματα δ' εἶν οἴκῳ πάντ' ἄρμενα ποιήσασθαι,

---

377 ΦΡΕCIN ⁿCIN *h*   378 κΛI ἔΡΓοΝ ἐπ' ἔΡΓῳ *h*   388 ΛΜΛCΘΛΙ *h*
390 ΜέΤΛΖε Herodian περὶ ΜΟΝ. λέξ. p. 46 Stephanus BA. II p. 945:
ΜεΤΛΖύ *H*   402 wird von Aristoteles Pol. I 2 p. 1252 und in den
Oeconom. I 2 p. 1343 nicht berücksichtigt.

μὴ σὺ μὲν αἰτῇς ἄλλον, ὃ δ' ἀρνῆται, σὺ δὲ τητᾷ,
ἡ δ' ὥρη παραμείβηται, μινύθῃ δέ τοι ἔργον. 405
μηδ' ἀναβάλλεσθαι ἔς τ' αὔριον ἔς τ' ἔννηφιν.
οὐ γὰρ ἐτωσιοεργὸς ἀνὴρ πίμπλησι καλιήν,
οὐδ' ἀναβαλλόμενος· μελέτη δέ τοι ἔργον ὀφέλλει.
αἰεὶ δ' ἀμβολιεργὸς ἀνὴρ ἄτῃσι παλαίει.

ἦμος δὴ λήγει μένος ὀξέος ἠελίοιο 410
καύματος ἰδαλίμου μετοπωρινὸν ὀμβρήσαντος
Ζηνὸς ἐρισθενέος, μετὰ δὲ τρέπεται βρότεος χρὼς
πολλὸν ἐλαφρότερος· δὴ γὰρ τότε Σείριος ἀστὴρ
βαιὸν ὑπὲρ κεφαλῆς κηριτρεφέων ἀνθρώπων
ἔρχεται ἠμάτιος, πλεῖον δέ τε νυκτὸς ἐπαυρεῖ· 415
τῆμος ἀδηκτοτάτη πέλεται τμηθεῖσα σιδήρῳ
ὕλη, φύλλα δ' ἔραζε χέει πτόρθοιό τε λήγει·
τῆμος ἄρ' ὑλοτομεῖν μεμνημένος ὥριον ἔργον.
ὅλμον μὲν τριπόδην τάμνειν, ὕπερον δὲ τρίπηχυν
ἄξονά θ' ἑπταπόδην· μάλα γάρ νύ τοι ἄρμενον οὕτως· 420
εἰ δέ κεν ὀκταπόδην, ἀπὸ καὶ σφῦράν κε τάμοιο.
τρισπίθαμον δ' ἄψιν τάμνειν δεκαδώρῳ ἁμάξῃ·
πόλλ' ἐπικαμπύλα κᾶλα· φέρειν δὲ γύην, ὅτ' ἂν εὕρῃς,
εἰς οἶκον, κατ' ὄρος διζήμενος ἢ κατ' ἄρουραν,
πρίνινον· ὃς γὰρ βουσὶν ἀροῦν ὀχυρώτατός ἐστιν, 425
εὖτ' ἂν Ἀθηναίης δμῶος ἐν ἐλύματι πήξας
γόμφοισιν πελάσας προσαρήρεται ἱστοβοῆι.
δοιὰ δὲ θέσθαι ἄροτρα πονησάμενος κατὰ οἶκον,
αὐτόγυον καὶ πηκτόν, ἐπεὶ πολὺ λώιον οὕτως·
εἴ χ' ἕτερόν γ' ἄξαις, ἕτερόν κ' ἐπὶ βουσὶ βάλοιο. 430
δάφνης δ' ἢ πτελέης ἀκιώτατοι ἱστοβοῆες,
δρυὸς ἔλυμα, γύης πρίνου. βόε δ' ἐνναετήρω
ἄρσενε κεκτῆσθαι· τῶν γὰρ σθένος οὐκ ἀλαπαδνόν·

---

418 ὥρια ἔργα *h* 432 ΓΥΗϹ (ΓΥΗΝ) πρίΝΟΥ D'Orville: πρίΝΟΥ Δὲ
ΓΥΗΝ (ΓΥΗϹ), πρίΝΟΥ ΓΥΗΝ *H.*

ήβης μέτρον έχοντε· τω εργάζεσθαι άρίσιω.
ουκ άν τώ γ' έρίσαντες εν αύλακι καμμέν άροτρον   435
άξειαν, τό δε έργον ετώσιον αύθι λίποιεν.
τοις δ' άμα τεσσαρακονταετής αίζηός έποιτο
άρτον δειπνήσας τετράτρυφον, όκτάβλωμον,
ός κ' έργου μελετών ιθεΐαν αύλακ' έλαύνοι,
μηκέτι παπταίνων μεθ' ομήλικας, αλλ' επί έργω   440
θυμόν έχων· του δ' ου τι νεώτερος άλλος αμείνων
σπέρματα δάσσασθαι και επισπορίην αλέασθαι.
κουρότερος γαρ άνηρ μεθ' όμήλικας επτοίηται.

φράζεσθαι δ' ευτ' άν γεράνου φωνήν έπακούσης
ύψόθεν εκ νεφέων ένιαύσια κεκληγυίης·   445
ή τ' αρότοιό τε σήμα φέρει και χείματος ώρην
δεικνύει όμβρηρού· κραδίην δ' έδακ' ανδρός αβούτεω.
δη τότε χορτάζειν έλικας βόας ένδον εόντας·
ρηίδιον γαρ έπος ειπείν· βόε δος και άμαξαν·
ρηίδιον δ' απανήνασθαι· παρά δ' έργα βόεσσιν.   450
φησί δ' άνήρ φρένας αφνειός πήξασθαι άμαξαν,
νήπιος, ουδέ τό γ' οίδ', εκατόν δε τε δούρατ' αμάξης·
των πρόσθεν μελέτην έχέμεν οικήια θέσθαι.
ευτ' άν δε πρώτιστ' άροτος θνητοΐσι φανήη,
δη τότ' έφορμηθήναι ομώς δμώές τε και αυτός   455
αύην και διερήν αρόων αρότοιο καθ' ώρην,
πρωί μάλα σπεύδων, ίνα τοι πλήθωσιν άρουραι.
έαρι πολεΐν· θέρεος δε νεωμένη ου σ' απατήσει.
νειόν δε σπείρειν έτι κουφίζουσαν άρουραν.
νειός αλεξιάρη, παίδων ευκηλήτειρα.   460
εύχεσθαι δε Διί χθονίω Δημήτερί θ' αγνή,
έκτελέα βρίθειν Δημήτερος ιερόν ακτήν,
αρχόμενος τα πρώτ' αρότου, ότ' άν άκρον εχέτλης
χειρί λαβών όρπηκι βοών επί νώτον ίκηαι

---

435 έρίcαντε h   454 φανείη Spohn: φανείη H   458 έαρι Pollux
I 223: είαρι H.   464 όρπηκι Brunck: όρπηκα H.

ἔνδριον ἑλκόντων μεσάβων. ὃ δὲ τυτθὸν ὄπισθεν   465
δμῶος ἔχων μακέλην πόνον ὀρνίθεσσι τιθείη
σπέρμα κατακρύπτων· εὐθημοσύνη γὰρ ἀρίστη
θνητοῖς ἀνθρώποις, κακοθημοσύνη δὲ κακίστη.
ὧδέ κεν ἀδροσύνῃ στάχυες νεύοιεν ἔραζε,
εἰ τέλος αὐτὸς ὄπισθεν Ὀλύμπιος ἐσθλὸν ὀπάζοι,   470
ἐκ δ' ἀγγέων ἐλάσειας ἀράχνια· καί σε ἔολπα
γηθήσειν, βιότου αἱρεύμενον ἔνδον ἐόντος.
εὐοχθέων δ' ἵξεαι πολιὸν ἔαρ, οὐδὲ πρὸς ἄλλους
αὐγάσεαι· σέο δ' ἄλλος ἀνὴρ κεχρημένος ἔσται.

εἰ δέ κεν ἠελίοιο τροπῆς ἀρόῳς χθόνα δῖαν,   475
ἥμενος ἀμήσεις ὀλίγον περὶ χειρὸς ἐέργων,
ἀντία δεσμεύων κεκονιμένος, οὐ μάλα χαίρων,
οἴσεις δ' ἐν φορμῷ· παῦροι δέ σε θηήσονται.
ἄλλοτε δ' ἀλλοῖος Ζηνὸς νόος αἰγιόχοιο,
ἀργαλέος δ' ἄνδρεσσι καταθνητοῖσι νοῆσαι.   480
εἰ δέ κεν ὄψ' ἀρόσῃς, τόδε κέν τοι φάρμακον εἴη·
ἦμος κόκκυξ κοκκύζει δρυὸς ἐν πετάλοισι
τὸ πρῶτον τέρπει τε βροτοὺς ἐπ' ἀπείρονα γαῖαν,
τῆμος Ζεὺς ὕοι τρίτῳ ἤματι μηδ' ἀπολήγοι,
μήτ' ἄρ' ὑπερβάλλων βοὸς ὁπλὴν μήτ' ἀπολείπων·   485
οὕτω κ' ὀψαρότης πρωιηρότῃ ἰσοφαρίζοι.
ἐν θυμῷ δ' εὖ πάντα φυλάσσεο· μηδέ σε λήθοι
μήτ' ἔαρ γιγνόμενον πολιὸν μήθ' ὥριος ὄμβρος.

παρ δ' ἴθι χάλκειον θῶκον καὶ ἐπαλέα λέσχην
ὥρῃ χειμερίῃ, ὁπότε κρύος ἀνέρας ἔργων   490
ἰσχάνει, ἔνθα κ' ἄοκνος ἀνὴρ μέγα οἶκον ὀφέλλοι,
μή σε κακοῦ χειμῶνος ἀμηχανίη καταμάρψῃ
σὺν πενίῃ, λεπτῇ δὲ παχὺν πόδα χειρὶ πιέζῃς.

---

465 μεσάβῳ h τυτθόν Schaefer: τυτθύς H   475 τροπαῖς h   478 χειρί
oder χερσίν Hermann   488 πρωιηρότῃ: προηρότῃ, προαρηρότῃ,
πρωτηρότῃ H   491 ὀφέλλοι Brunck: ὀφέλλει, ὀφέλλῃ H.

πολλὰ δ' ἀεργὸς ἀνὴρ κενεὴν ἐπὶ ἐλπίδα μίμνων
χρηίζων βιότοιο κακὰ προσελέξατο θυμῷ. 495
ἐλπὶς δ' οὐκ ἀγαθὴ κεχρημένον ἄνδρα κομίζειν
ἥμενον ἐν λέσχῃ, τῷ μὴ βίος ἄρκιος εἴη.
δείκνυε δὲ δμώεσσι θέρευς ἔτι μέσσου ἐόντος·
οὐκ αἰεὶ θέρος ἐσσεῖται, ποιεῖσθε καλιάς.

Μῆνα δὲ Ληναιῶνα, κάκ' ἤματα, βουδόρα πάντα, 500
τοῦτον ἀλεύασθαι καὶ πηγάδας, αἵ τ' ἐπὶ γαῖαν
πνεύσαντος βορέαο δυσηλεγέες τελέθουσιν,
ὅς τε διὰ Θρῄκης ἱπποτρόφου εὐρέι πόντῳ
ἐμπνεύσας ὤρινε· μέμυκε δὲ γαῖα καὶ ὕλη·
πολλὰς δὲ δρῦς ὑψικόμους ἐλάτας τε παχείας 505
οὔρεος ἐν βήσσῃς πιλνᾷ χθονὶ πουλυβοτείρῃ
ἐμπίπτων, καὶ πᾶσα βοᾷ τότε νήριτος ὕλη,
θῆρες δὲ φρίσσουσ', οὐρὰς δ' ὑπὸ μέζε' ἔθεντο.
τῶν καὶ λάχνῃ δέρμα κατάσκιον· ἀλλά νυ καὶ τῶν
ψυχρὸς ἐὼν διάησι δασυστέρνων περ ἐόντων. 510
καί τε διὰ ῥινοῦ βοὸς ἔρχεται, οὐδέ μιν ἴσχει.
καί τε δι' αἶγα ἄησι τανύτριχα· πώεα δ' οὔ τι,
οὕνεκ' ἐπηετανὰὶ τρίχες αὐτῶν, οὐ διάησιν
ἲς ἀνέμου βορέω· τροχαλὸν δὲ γέροντα τίθησι.
καὶ διὰ παρθενικῆς ἁπαλόχροος οὐ διάησιν, 515
ἥ τε δόμων ἔντοσθε φίλῃ παρὰ μητέρι μίμνῃ
οὔ πω ἔργα ἰδυῖα πολυχρύσου Ἀφροδίτης·
εὖ τε λοεσσαμένη τέρενα χρόα καὶ λίπ' ἐλαίῳ
χρισαμένη μυχίη καταλέξεται ἔνδοθι οἴκου
ἤματι χειμερίῳ, ὅτ' ἀνόστεος ὃν πόδα τένδει 520
ἔν τ' ἀπύρῳ οἴκῳ καὶ ἤθεσι λευγαλέοισιν.
οὐ γάρ οἱ ἠέλιος δείκνυ νομὸν ὁρμηθῆναι·
ἀλλ' ἐπὶ κυανέων ἀνδρῶν δῆμόν τε πόλιν τε
στρωφᾶται, βράδιον δὲ Πανελλήνεσσι φαείνει.
καὶ τότε δὴ κεραοὶ καὶ νήκεροι ὑληκοῖται 525

---

496 κομίζειν Peppmüller: κομίζει H   514 Βορέω Rzach: Βορέου,
Βορέαο H   516 μίμνει παρὰ μητέρι κεδνῇ h μίμνῃ Hermann:
μίμνει H   517 ἔργ' εἰδυῖα H   518 εὖ τε Spohn: εὖτε H
519 νυχίη h ἔνδοθεν h   521 καὶ ἐν ἤθεσι h.

λιγρὸν μυλιόωντις ἀνὰ δρία βησσήεντα
φεύγουσιν· καὶ πᾶσιν ἐνὶ φρεσὶ τοῦτο μέμηλεν,
ὡς σκέπα μαιόμενοι πυκινοὺς κευθμῶνας ἔχωσι
καὶ γλάφυ πετρῆεν· τότε δὴ τρίποδι βροτοὶ ἶσοι,
οὗ τ' ἐπὶ νῶτα ἔαγε, κάρη δ' εἰς οὖδας ὁρᾶται,   530
τῷ ἴκελοι φοιτῶσιν ἀλευόμενοι νίφα λευκήν.
καὶ τότε ἔσσασθαι ἔρυμα χροός, ὥς σε κελεύω,
χλαῖνάν τε μαλακὴν καὶ περμίεντα χιτῶνα·
στήμονι δ' ἐν παύρῳ πολλὴν κρόκα μηρύσασθαι·
τὴν περιέσσασθαι, ἵνα τοι τρίχες ἀτρεμέωσι,   535
μηδ' ὀρθαὶ φρίσσωσιν ἀειρόμεναι κατὰ σῶμα.
ἀμφὶ δὲ ποσσὶ πέδιλα βοὸς ἶφι κταμένοιο
ἄρμενα δήσασθαι πίλοις ἐντοσθε πυκάσσας.
πρωτογόνων δ' ἐρίφων, ὁπότ' ἂν κρύος ὥριον ἔλθῃ,
δέρματα συρράπτειν νεύρῳ βοός, ὄφρ' ἐπὶ νώτῳ   540
ὑετοῦ ἀμφιβάλῃ ἀλέην· κεφαλῆφι δ' ὕπερθεν
πῖλον ἔχειν ἀσκητόν, ἵν' οὔατα μὴ καταδεύῃ·
ψυχρὴ γάρ τ' ἠὼς πέλεται βορέαο πεσόντος·
ἠώιος δ' ἐπὶ γαῖαν ἀπ' οὐρανοῦ ἀστερόεντος
ἀὴρ πυροφόρος τέταται μακάρων ἐπὶ ἔργοις·   545
ὅς τε ἀρυσσάμενος ποταμῶν ἄπο αἰεναόντων,
ὑψοῦ ὑπὲρ γαίης ἀρθεὶς ἀνέμοιο θυέλλῃ
ἄλλοτε μέν θ' ὕει ποτὶ ἕσπερον, ἄλλοτ' ἄησι
πυκνὰ Θρηικίου βορέω νέφεα κλονέοντος.
τὸν φθάμενος ἔργον τελέσας οἶκόνδε νέεσθαι,   550
μή ποτέ σ' οὐρανόθεν σκοτόεν νέφος ἀμφικαλύψῃ,
χρῶτα δὲ μυδαλέον θῇ κατὰ θ' εἵματι δεύσῃ.
ἀλλ' ὑπαλεύασθαι· μεὶς γὰρ χαλεπώτατος οὗτος
χειμέριος, χαλεπὸς προβάτοις, χαλεπὸς δ' ἀνθρώποις.

τῆμος θ' ὤμισυ βουσίν, ἐπ' ἀνέρι δὲ πλέον εἴη   555
ἁρμαλιῆς· μακραὶ γὰρ ἐπίρροθοι εὐφρόναι εἰσί.

---

528 ὡς — ἔχωσι Poppmüller: οἳ — ἔχογει H   529 τοί δὲ τρίποδι βροτοί Pertmann: τότε δὴ τρίποδι βροτῷ H   533 χλαῖναν
μὲν h   545 κρυμοφόρος τέταται μερόπων?   546 ἀεναόντων Stephanus: αἰεναόντων H   549 Βορέω Rzach: Βορέου, Βορέαο H
552 χρῶτά τε h   θήη, θείη H   555 τὤμισγ h.

ταῦτα φυλασσόμενος τετελεσμένον εἰς ἐνιαυτὸν
ἰσοῦσθαι νύκτας τε καὶ ἤματα, εἰς ὅ κεν αὖτις
γῆ πάντων μήτηρ καρπὸν σύμμικτον ἐνείκῃ.
εὖτ' ἂν δ' ἐξήκοντα μετὰ τροπὰς ἠελίοιο   560
χειμέρι' ἐκτελέσῃ Ζεὺς ἤματα, δή ῥα τότ' ἀστὴρ
Ἀρκτοῦρος προλιπὼν ἱερὸν ῥόον Ὠκεανοῖο
πρῶτον παμφαίνων ἐπιτέλλεται ἀκροκνέφαιος.
τὸν δὲ μέτ' ὀρθογόη Πανδιονὶς ὦρτο χελιδὼν
ἐς φάος ἀνθρώποις ἔαρος νέον ἱσταμένοιο.   565
τὴν φθάμενος οἴνας περιταμνέμεν· ὣς γὰρ ἄμεινον.
ἀλλ' ὁπότ' ἂν φερέοικος ἀπὸ χθονὸς ἀμφυτὰ βαίνῃ
Πληιάδας φεύγων, τότε δὴ σκάφος οὐκέτι οἰνέων·
ἀλλ' ἅρπας τε χαρασσέμεναι καὶ δμῶας ἐγείρειν,
φεύγειν δὲ σκιεροὺς θώκους καὶ ἐπ' ἠῶ κοῖτον   570
ὥρῃ ἐν ἀμήτου, ὅτε τ' ἠέλιος χρόα κάρφει.
τημοῦτος σπεύδειν καὶ οἴκαδε καρπὸν ἀγινεῖν
ὄρθρου ἀνιστάμενος, ἵνα τοι βίος ἄρκιος εἴη.
ἠὼς γάρ τ' ἔργοιο τρίτην ἀπομείρεται αἶσαν.
ἠώς τοι προφέρει μὲν ὁδοῦ, προφέρει δὲ καὶ ἔργου,   575
ἠώς, ἥ τε φανεῖσα πολέας ἐπέβησε κελεύθου
ἀνθρώπους, πολλοῖσι δ' ἐπὶ ζυγὰ βουσὶ τίθησιν.
ἦμος δὲ σκόλυμός τ' ἀνθεῖ καὶ ἠχέτα τέττιξ
δενδρέῳ ἐφεζόμενος λιγυρὴν καταχεύει ἀοιδὴν
πυκνὸν ὑπὸ πτερύγων, θέρεος καματώδεος ὥρῃ,   580
τῆμος πιόταταί τ' αἶγες καὶ οἶνος ἄριστος,
μαχλόταται δὲ γυναῖκες, ἀφαυρότατοι δέ τε ἄνδρες
εἰσίν, ἐπεὶ κεφαλὴν καὶ γούνατα Σείριος ἄζει,
αὐαλέος δέ τε χρὼς ὑπὸ καύματος. ἀλλὰ τότ' ἤδη
εἴη πετραίη τε σκιὴ καὶ βίβλινος οἶνος,   585
μᾶζά τ' ἀμολγαίη γάλα τ' αἰγῶν σβεννυμενάων
καὶ βοὸς ὑλοφάγοιο κρέας μήπω τετοκυίης

564 ὀρθρογόη *h*   572 ἀγείρειν *h*   582 ἀφαγρότεροι *h* δέ τοι *h*.

πρωτογόνων τ' ερίφων· επί δ' αΐθοπα πινέμεν οίνον,
έν σκιή εζόμενον, κεκορημένον ήτορ εδωδής,
άντίον άκραέος ζεφύρου τρέψαντα πρόσωπον   590
κρήνης τ' άενάου και άπορρύτου, ή τ' άθόλωτος.
τρις ύδατος προχέειν, το δε τέτρατον ίέμεν οίνου.
  δμωσι δ' έποτρύνειν Δημήτερος ιερόν άκτήν
δινέμεν, εύτ' αν πρώτα φανή σθένος Ωρίωνος,
χώρω εν ευαεΐ και ευτροχάλω έν άλωή.   595
μέτρω δ' ευ κομίσασθαι εν άγγεσιν· αυτάρ έπήν δή
πάντα βίον κατάθηαι επάρμενον ένδοθι οίκου,
θήτα τ' άοικον ποιείσθαι και άτεκνον έριθον
δίζεσθαι κέλομαι· χαλεπή δ' υπόπορτις έριθος·
και κύνα καρχαρόδοντα κομείν· μη φείδεο σίτου·   600
μη ποτέ σ' ήμερόκοιτος άνήρ άπό χρήμαθ' έληται.
χόρτον δ' έσκομίσαι και συρφετόν, όφρα τοι είη
βουσι και ήμιόνοισιν έπηετανόν. αύτάρ έπειτα
δμώας άναψύξαι φίλα γούνατα και βόε λύσαι.
  εύτ' άν δ' Ωρίων και Σείριος ές μέσον έλθη   605
ούρανόν, Άρκτούρον· δ' έσίδη ροδοδάκτυλος Ηώς,
ώ Πέρση, τότε πάντας άπόδρεπε οίκαδε βότρυς·
δείξαι δ' ήελίω δέκα τ' ήματα και δέκα νύκτας,
πέντε δε συσκιάσαι, έκτω δ' είς άγγε' άφύσσαι
δώρα Διωνύσου πολυγηθέος. αύτάρ έπήν δή   610
Πληιάδες θ' Υάδες τε τό τε σθένος Ωρίωνος
δύνωσιν, τότ' έπειτ' άρότου μεμνημένος είναι
ωραίου· πλειών δε κατά χθονός άρμενος είσιν.
  εί δε σε ναυτιλίης δυσπεμφέλου ίμερος αίρεί,
εύτ' άν Πληιάδες σθένος όβριμον Ωρίωνος   615
φεύγουσαι πίπτωσιν ές ηεροειδέα πόντον,
δή τότε παντοίων ανέμων θύουσιν άήται·

592 τρις δ' *h*   597 ένδοθεν *h*   602 τ' *h*   607 άποδρέπειν,
άποδρέπεη *h*   613 είσιν Ilaupt: είη *H.*

καὶ τότε μηκέτι νῆας ἔχειν ἐνὶ οἴνοπι πόντῳ,
γῆν δ' ἐργάζεσθαι μεμνημένος, ὥς σε κελεύω.
νῆα δ' ἐπ' ἠπείρου ἐρύσαι πυκάσαι τε λίθοισι 620
πάντοθεν, ὄφρ' ἴσχωσ' ἀνέμων μένος ὑγρὸν ἀέντων,
χείμαρον ἐξερύσας, ἵνα μὴ πύθῃ Διὸς ὄμβρος.
ὅπλα δ' ἐπάρμενα πάντα τεῷ ἐνικάτθεο οἴκῳ
εὐκόσμως στολίσας νηὸς πτερὰ ποντοπόροιο·
πηδάλιον δ' εὐεργὲς ὑπὲρ καπνοῦ κρεμάσασθαι. 625
αὐτὸς δ' ὡραῖον μίμνειν πλόον εἰς ὅ κεν ἔλθῃ·
καὶ τότε νῆα θοὴν ἅλαδ' ἑλκέμεν, ἐν δέ τε φόρτον
ἄρμενον ἐντύνασθαι, ἵν' οἴκαδε κέρδος ἄρηαι,
ὥς περ ἐμός τε πατὴρ καὶ σός, μέγα νήπιε Πέρση,
πλωΐζεσκ' ἐν νηυσί, βίου κεχρημένος ἐσθλοῦ· 630
ὅς ποτε καὶ τῇδ' ἦλθε πολὺν διὰ πόντον ἀνύσσας,
Κύμην Αἰολίδα προλιπών, ἐν νηὶ μελαίνῃ·
οὐκ ἄφενος φεύγων οὐδὲ πλοῦτόν τε καὶ ὄλβον,
ἀλλὰ κακὴν πενίην, τὴν Ζεὺς ἄνδρεσσι δίδωσι.
νάσσατο δ' ἄγχ' Ἑλικῶνος ὀϊζυρῇ ἐνὶ κώμῃ, 635
Ἄσκρῃ, χεῖμα κακῇ, θέρει ἀργαλέῃ, οὐδέ ποτ' ἐσθλῇ.
τύνη δ', ὦ Πέρση, ἔργων μεμνημένος εἶναι
ὡραίων πάντων, περὶ ναυτιλίης δὲ μάλιστα,
νῆ' ὀλίγην αἰνεῖν, μεγάλῃ δ' ἐνὶ φορτία θέσθαι.
μείζων μὲν φόρτος, μεῖζον δ' ἐπὶ κέρδεϊ κέρδος 640
ἔσσεται, εἴ κ' ἄνεμοί γε κακὰς ἀπέχωσιν ἀήτας.
εὖτ' ἂν ἐπ' ἐμπορίην τρέψας ἀεσίφρονα θυμὸν
βούληαι χρέα τε προφυγεῖν καὶ λιμὸν ἀτερπέα.
δείξω δή τοι μέτρα πολυφλοίσβοιο θαλάσσης,
οὔτε τι ναυτιλίης σεσοφισμένος οὔτε τι νηῶν. 645
οὐ γάρ πώ ποτε νηί γ' ἐπέπλων εὐρέα πόντον,
εἰ μὴ ἐς Εὔβοιαν ἐξ Αὐλίδος, ᾗ ποτ' Ἀχαιοὶ

---

633 ἄφενον *h*   642 τρέψῃς *h*   643 Βούλεαι *h*   δὲ χρέα *H*
ἀτερπῆ, ἀτερπήν, ἀτέρπη *h*   καὶ ἀτερπέα λιμόν *h*.

μείναντες χειμώνα πολύν σύν λαόν άγειραν
Ελλάδος έξ ίερής Τροίην ές καλλιγύναικα.
ένθα δ' εγών έπ' άεθλα δαΐφρονος Αμφιδάμαντος 650
Χαλκίδα τ' είσεπέρησα· τά δέ προπεφραδμένα πολλά
άθλ' έθεσαν παίδες μεγαλήτορες· ένθα μέ φημι
ύμνω νικήσαντα φέρειν τρίποδ' ώτώεντα.
τον μεν έγώ Μούσης Ελικωνιάδεσσ' ανέθηκα,
ένθα με το πρώτον λιγυρής έπέβησαν άοιδής. 655
τόσσον τοι νηών γε πεπείρημαι πολυγόμφων·
άλλά και ώς έρέω Ζηνός νόον αίγιόχοιο·
Μούσαι γάρ μ' έδίδαξαν άθέσφατον ύμνον άείδειν.

ήματα πεντήκοντα μετά τροπάς ηελίοιο,
ές τέλος έλθόντος θέρεος καματώδεος ώρης, 660
ωραίος πέλεται θνητοίς πλόος· ούτε κε νήα
καυάξαις ούτ' άνδρας άποφθίσειε θάλασσα,
εί δή μή πρόφρων γε Ποσειδάων ένοσίχθων
ή Ζεύς αθανάτων βασιλεύς έθέλησιν όλέσσαι·
έν τοίς γάρ τέλος έστίν όμώς άγαθών τε κακών τε. 665
τήμος δ' εύκρινέες τ' αύραι καί πόντος άπήμων·
εύκηλος τότε νήα θοήν άνέμοισι πιθήσας
έλκέμεν ές πόντον φόρτον τ' εύ πάντα τίθεσθαι,
σπεύδειν δ' ότι τάχιστα πάλιν οίκόνδε νέεσθαι·
μηδέ μένειν οίνόν τε νέον καί όπωρινόν όμβρον 670
καί χειμών' έπιόντα νότοιό τε δεινάς άήτας,
ός τ' ώρινε θάλασσαν όμαρτήσας Διός ύμβρω
πολλώ όπωρινώ, χαλεπόν δέ τε πόντον έθηκεν.
άλλος δ' είαρινός πέλεται πλόος άνθρώποισιν.
ήμος δή το πρώτον, όσον τ' έπιβάσα κορώνη 675
ίχνος έποίησεν, τόσσον πέταλ' άνδρί φανήη

---

650 ένθεν έγών? 651 Χαλκίδα τ' είς επέρησα? 652 μεγαλή-
τορος *h* 654 Μούσαις, Μούσης· *h* 668 φόρτον δ' ές πάντα *h*
676 φανείη Spohn: φανείν *П*.

ἐν κράδῃ ἀκροτάτῃ, τότε δ' ἄμβατός ἐστι θάλασσα·
εἰαρινὸς δ' οὗτος πέλεται πλόος. οὔ μιν ἔγωγε
αἴνημ'· οὐ γὰρ ἐμῷ θυμῷ κεχαρισμένος ἐστίν,
ἁρπακτός· χαλεπῶς κε φύγοις κακόν· ἀλλά νυ καὶ τὰ 680
ἄνθρωποι ῥέζουσιν ἀιδρείῃσι νόοιο·
χρήματα γὰρ ψυχὴ πέλεται δειλοῖσι βροτοῖσι.
δεινὸν δ' ἐστὶ θανεῖν μετὰ κύμασιν· ἀλλά σ' ἄνωγα
φράζεσθαι τάδε πάντα μετὰ φρεσίν, ὡς ἀγορεύω.
μηδ' ἐνὶ νηυσὶν ἅπαντα βίον κοίλῃσι τίθεσθαι, 685
ἀλλὰ πλέω λείπειν, τὰ δὲ μείονα φορτίζεσθαι.
δεινὸν γὰρ πόντου μετὰ κύμασι πήματι κύρσαι·
δεινὸν δ', εἴ κ' ἐπ' ἄμαξαν ὑπέρβιον ἄχθος ἀείρας
ἄξονα καυάξαις, τὰ δὲ φορτί' ἀμαυρωθείη.
μέτρα φυλάσσεσθαι· καιρὸς δ' ἐπὶ πᾶσιν ἄριστος. 690

Ὡραῖος δὲ γυναῖκα τεὸν ποτὶ οἶκον ἄγεσθαι,
μήτε τριηκόντων ἐτέων μάλα πόλλ' ἀπολείπων
μήτ' ἐπιθεὶς μάλα πολλά· γάμος δέ τοι ὥριος οὗτος.
ἡ δὲ γυνὴ τέτορ' ἡβώοι, πέμπτῳ δὲ γαμοῖτο.
παρθενικὴν δὲ γαμεῖν, ὥς κ' ἤθεα κεδνὰ διδάξῃς. 695
τὴν δὲ μάλιστα γαμεῖν, ἥ τις σέθεν ἐγγύθι ναίει,
πάντα μάλ' ἀμφὶς ἰδών, μὴ γείτοσι χάρματα γήμῃς.
οὐ μὲν γάρ τι γυναικὸς ἀνὴρ ληΐζετ' ἄμεινον
τῆς ἀγαθῆς, τῆς δ' αὖτε κακῆς οὐ ῥίγιον ἄλλο,
δειπνολόχης· ἥ τ' ἄνδρα καὶ ἰφθιμόν περ ἐόντα 700
εὔει ἄτερ δαλοῦ καὶ ἐν ὠμῷ γήραϊ θῆκεν.

Εὖ δ' ὄπιν ἀθανάτων μακάρων πεφυλαγμένος εἶναι·
[μηδὲ κασιγνήτῳ ἶσον ποιεῖσθαι ἑταῖρον·
εἰ δέ κε ποιήσῃς, μή μιν πρότερος κακὸν ἔρξῃς·

---

688 δεινόν γ' 4   695 ἵνα ἤθεα (Aristot.) Oecon. I 4 p. 1344
701 καὶ ὠμῷ γήραϊ δῶκεν h.

μηδὲ γενύεσθαι γλώσσης χάριν· εἰ δέ κεν ἄρχῃ
ἤ τι ἔπος εἰπὼν ἀποθύμιον ἠὲ καὶ ἔρξας,
δὶς τόσα τίνυσθαι μεμνημένος· εἰ δέ κεν αὖτις
ἡγῆτ᾽ ἐς φιλότητα, δίκην δ᾽ ἐθέλῃσι παρασχεῖν,
δέξασθαι· δειλός τοι ἀνὴρ φίλον ἄλλοτε ἄλλον
ποιεῖται, σὲ δὲ μή τι νόον καπελεγχέτω εἶδος.
μηδὲ πολύξεινον μηδ᾽ ἄξεινον καλέεσθαι,
μηδὲ κακῶν ἕταρον μηδ᾽ ἐσθλῶν νεικεστῆρα.
μηδέ ποτ᾽ οὐλομένην πενίην θυμοφθόρον ἀνδρὶ
τέτλαθ᾽ ὀνειδίζειν, μακάρων δόσιν αἰὲν ἐόντων·
γλώσσης τοι θησαυρὸς ἐν ἀνθρώποισιν ἄριστος
φειδωλῆς, πλείστη δὲ χάρις κατὰ μέτρον ἰούσης·
εἰ δὲ κακὸν εἴποις, τάχα κ᾽ αὐτὸς μεῖζον ἀκούσαις.
μηδὲ πολυξείνου δαιτὸς δυσπέμφελος εἶναι
ἐκ κοινοῦ· πλείστη δὲ χάρις δαπάνη τ᾽ ὀλιγίστη.]
μηδέ ποτ᾽ ἐξ ἠοῦς Διὶ λείβειν αἴθοπα οἶνον
χερσὶν ἀνίπτοισιν μηδ᾽ ἄλλοις ἀθανάτοισιν·
οὐ γὰρ τοί γε κλύουσιν, ἀποπτύουσι δέ τ᾽ ἀράς.
μηδ᾽ ἄντ᾽ ἠελίου τετραμμένος ὀρθὸς ὀμιχεῖν·
αὐτὰρ ἐπεί κε δύῃ, μεμνημένος, ἔς τ᾽ ἀνιόντα
μήτ᾽ ἐν ὁδῷ μήτ᾽ ἐκτὸς ὁδοῦ προβάδην οὐρήσῃς,
μηδ᾽ ἀπογυμνωθείς· μακάρων τοι νύκτες ἴασιν·
ἑζόμενος δ᾽ ὅ γε θεῖος ἀνήρ, πεπνυμένα εἰδώς,
ἢ ὅ γε πρὸς τοῖχον πελάσας ἐϋερκέος αὐλῆς.
μηδ᾽ αἰδοῖα γονῇ πεπαλαγμένος ἔνδοθι οἴκου
ἱστίῃ ἐμπελαδὸν παραφαινέμεν, ἀλλ᾽ ἀλέασθαι.
μηδ᾽ ἀπὸ δυσφήμοιο τάφου ἀπονοστήσαντα
σπερμαίνειν γενεήν, ἀλλ᾽ ἀθανάτων ἀπὸ δαιτός.
μηδέ ποτ᾽ αἰενάων ποταμῶν καλλίρροον ὕδωρ
ποσσὶ περᾶν, πρίν γ᾽ εὔξῃ ἰδὼν ἐς καλὰ ῥέεθρα,
χεῖρας νιψάμενος πολυηράτῳ ὕδατι λευκῷ·
ὃς ποταμὸν διαβῇ κακότητ᾽ ἰδὲ χεῖρας ἄνιπτος,
τῷ δὲ θεοὶ νεμεσῶσι καὶ ἄλγεα δῶκαν ὀπίσσω.
μηδ᾽ ἀπὸ πεντόζοιο θεῶν ἐν δαιτὶ θαλείῃ

---

705 εἰ δὲ σέ Γ᾽ ἄρχει h   717 κακόν Γ᾽, κακόν κ᾽ h   εἴπῃς h
723 ἠελίοιο h   724 ἀνιόντος h   726 ἀπογυμνωθῇς h   729 ἐν-
δοθεν h   732 Nach diesem Verse folgt 754 h   736 κακότητι
δὲ h.

αὖον ἀπὸ χλωροῦ τάμνειν αἴθωνι σιδήρῳ.
μηδὲ ποτ' οἰνοχόην τιθέμεν κρητῆρος ὕπερθε 740
πινόντων· ὀλοὴ γὰρ ἐπ' αὐτῷ μοῖρα τέτυκται.
μηδὲ δόμον ποιῶν ἀνεπίξεστον καταλείπειν,
μή τοι ἐφεζομένη κρώζῃ λακέρυζα κορώνη.
μηδ' ἀπὸ χυτροπόδων ἀνεπιρρέκτων ἀνελόντα
ἔσθειν μηδὲ λόεσθαι· ἐπεὶ καὶ τοῖς ἔνι ποινή. 745
μηδ' ἐπ' ἀκινήτοισι καθίζειν, οὐ γὰρ ἄμεινον,
παῖδα δυωδεκαταῖον, ὅ τ' ἀνέρ' ἀνήνορα ποιεῖ.
[μηδὲ δυωδεκάμηνον· ἴσον καὶ τοῦτο τέτυκται.]
μηδὲ γυναικείῳ λουτρῷ χρόα φαιδρύνεσθαι
ἀνέρα· λευγαλέη γὰρ ἐπὶ χρόνον ἔστ' ἐπὶ καὶ τῷ 750
ποινή. μηδ' ἱεροῖσιν ἐπ' αἰθομένοισι κυρήσας
μωμεύειν ἀίδηλα· θεός τοι καὶ τὰ νεμεσσᾷ.
μηδέ ποτ' ἐν προχοῇ ποταμῶν ἅλαδε προρεόντων,
μηδ' ἐπὶ κρηνάων οὐρεῖν, μάλα δ' ἐξαλέασθαι·
μηδ' ἐναποψύχειν· τὸ γὰρ οὔ τοι λώιόν ἐστι. 755
ὧδ' ἔρδειν· δεινὴν δὲ βροτῶν ὑπαλεύεο φήμην.
φήμη γάρ τε κακὴ πέλεται, κούφη μὲν ἀεῖραι
ῥεῖα μάλ', ἀργαλέη δὲ φέρειν, χαλεπὴ δ' ἀποθέσθαι.
[φήμη δ' οὔ τις πάμπαν ἀπόλλυται, ἥν τινα πολλοὶ
λαοὶ φημίξωσι· θεός νύ τίς ἐστι καὶ αὐτή.] 760

Ἤματα δ' ἐκ Διόθεν πεφυλαγμένος εὖ κατὰ μοῖραν
πεφραδέμεν δμώεσσι [τριηκάδα μηνὸς ἀρίστην
ἔργα τ' ἐποπτεύειν ἠδ' ἁρμαλιὴν δατέεσθαι]
εὖτ' ἂν ἀληθείην λαοὶ κρίνοντες ἄγωσι.
αἵδε γὰρ ἡμέραι εἰσὶ Διὸς πάρα μητιόεντος. 765
πρῶτον ἔνη τετρὰς τε καὶ ἑβδόμη, ἱερὸν ἦμαρ·
τῇ γὰρ Ἀπόλλωνα χρυσάορα γείνατο Λητώ·
ὀγδοάτη τ' ἐνάτη τε· δύω γε μὲν ἤματα μηνὸς
ἔξοχ' ἀεξομένοιο βροτήσια ἔργα πένεσθαι,

---

752 θεός κή τοι (τι) *h*   756 ὑπαλεγύαο *h*   759 οὔ τί γε Aristoteles Eth. Nicom. VII 14 p. 1153 λαοὶ πολλοί Aristoteles, Demosthenes de falsa leg. 243   760 φημίλογcι, φημίζογcι *h*   763 ΔΑΤΈΑϹΘΑΙ *h*   764 ΕΫ̓Τ' ἉΝ ΔΉ ΜΙΝ ἈΛΗΘΕΊΗΝ ΚΡΊΝΟΝΤΕϹ *h*.

ἑνδεκάτῃ τε δυωδεκάτῃ τ', ἄμφω γε μὲν ἐσθλαί, 770
ἠμὲν ὄις πείκειν, ἠδ' εὔφρονα καρπὸν ἀμᾶσθαι·
ἡ δὲ δυωδεκάτη τῆς ἑνδεκάτης μέγ' ἀμείνων.
τῇ γάρ τοι νεῖ νήματ' ἀερσιπότητος ἀράχνης
ἤματος ἐκ πλείου, ὅτε τ' ἴδρις σωρὸν ἀμᾶται·
τῇ δ' ἱστὸν στήσαιτο γυνὴ προβάλοιτό τε ἔργον. 775
[μηνὸς δ' ἱσταμένου τρισκαιδεκάτην ἀλέασθαι
σπέρματος ἄρξασθαι· φυτὰ δ' ἐνθρέψασθαι ἀρίστη.
ἕκτη δ' ἡ μέσση μάλ' ἀσύμφορός ἐστι φυτοῖσιν,
ἀνδρογόνος δ' ἀγαθή· κούρῃ δ' οὐ σύμφορός ἐστιν,
οὔτε γενέσθαι πρῶτ' οὔτ' ἄρ γάμου ἀντιβολῆσαι. 780
οὐδὲ μὲν ἡ πρώτη ἕκτη κούρῃσι γενέσθαι
ἄρμενος, ἀλλ' ἐρίφους τάμνειν καὶ πώεα μήλων,
σηκόν τ' ἀμφιβαλεῖν ποιμνήιον ἤπιον ἦμαρ·
ἐσθλὴ δ' ἀνδρογόνος· φιλέει δέ τε κέρτομα βάζειν,
ψεύδεά θ' αἱμυλίους τε λόγους κρυφίοις τ' ὀαρισμούς. 785
μηνὸς δ' ὀγδοάτῃ κάπρον καὶ βοῦν ἐρίμυκον
ταμνέμεν, οὐρῆας δὲ δυωδεκάτῃ ταλαεργούς.
εἰκάδι δ' ἐν μεγάλῃ, πλέῳ ἤματι, ἵστορα φῶτα
γείνασθαι· μάλα γάρ τε νόον πεπυκασμένος ἐστίν.
ἐσθλὴ δ' ἀνδρογόνος δεκάτη, κούρῃ δέ τε τετρὰς 790
μέσση. τῇ δέ τε μῆλα καὶ εἰλίποδας ἕλικας βοῦς
καὶ κύνα καρχαρόδοντα καὶ οὐρῆας ταλαεργούς
πρηΰνειν ἐπὶ χεῖρα τιθείς. πεφύλαξο δὲ θυμῷ
τετράδ' ἀλεύασθαι φθίνοντός θ' ἱσταμένου τε
ἄλγεα θυμοβορεῖν· μάλα τοι τετελεσμένον ἦμαρ. 795
ἐν δὲ τετάρτῃ μηνὸς ἄγεσθ' εἰς οἶκον ἄκοιτιν
οἰωνοὺς κρίνας, οἳ ἐπ' ἔργματι τούτῳ ἄριστοι.
πέμπτας δ' ἐξαλέασθαι, ἐπεὶ χαλεπαί τε καὶ αἰναί.
ἐν πέμπτῃ γάρ φασιν Ἐρινύας ἀμφιπολεύειν
Ὅρκον τινυμένας, τὸν Ἔρις τέκε πῆμ' ἐπιόρκοις. 800
μέσσῃ δ' ἑβδομάτῃ Δημήτερος ἱερὸν ἀκτὴν
εὖ μάλ' ὀπιπεύοντας ἐυτροχάλῳ ἐν ἀλωῇ
βάλλειν, ὑλοτόμον τε ταμεῖν θαλαμήια δοῦρα

771 ἡ μέν — ἡ δ' h   777 сπέρμαта Δάссасθαι h   ἐκθρέψαсθαι h
781 κογρῃ τε, κογρῃ δέ h   789 πεπηгменос h   ἔсται Schoemann
790 κογρῃсι δέ h.   800 τιν(ν)γμενον, гεινόμενον h   802 ὀπιπ-
(τ)εγοντα h.

νήιά τε ξύλα πολλά, τά τ' άρμενα νηυσὶ πέλονται.
τετράδι δ' ἄρχεσθαι νῆας πήγνυσθαι ἀραιάς. 805
εἰνὰς δ' ἡ μέσση ἐπὶ δείελα λώιον ἦμαρ.
πρωτίστη δ' εἰνὰς παναπήμων ἀνθρώποισιν·
ἐσθλὴ μὲν γάρ θ' ἥδε φυτευέμεν ἠδὲ γενέσθαι
ἀνέρι τ' ἠδὲ γυναικί· καὶ οὔ ποτε πάγκακον ἦμαρ.
παῦροι δ' αὖτε ἴσασι τρισεινάδα μηνὸς ἀρίστην 810
ἄρξασθαί τε πίθου καὶ ἐπὶ ζυγὸν αὐχένι θεῖναι
βουσὶ καὶ ἡμιόνοισι καὶ ἵπποις ὠκυπόδεσσι
(νῆα πολυκλήιδα θοὴν εἰς οἴνοπα πόντον
εἰρύμεναι· παῦροι δέ τ' ἀληθέα κικλήσκουσι.
τετράδι δ' οἶγε πίθον· περὶ πάντων ἱερὸν ἦμαρ 815
μέσση)· παῦροι δ' αὖτε μετ' εἰκάδα μηνὸς ἀρίστην
ἠοῦς γεινομένης· ἐπὶ δείελα δ' ἐστὶ χερείων.]
αἵδε μὲν ἡμέραι εἰσὶν ἐπιχθονίοις μέγ' ὄνειαρ,
αἱ δ' ἄλλαι μετάδουποι, ἀκήριοι, οὔ τι φέρουσαι.
[ἄλλος δ' ἀλλοίην αἰνεῖ, παῦροι δέ τ' ἴσασιν. 820
ἄλλοτε μητρυιὴ πέλει ἡμέρη, ἄλλοτε μήτηρ.]
τάων εὐδαίμων τε καὶ ὄλβιος ὃς τάδε πάντα
εἰδὼς ἐργάζηται ἀναίτιος ἀθανάτοισιν,
ὄρνιθας κρίνων καὶ ὑπερβασίας ἀλεείνων.

* * *

---

811 αὐχένι Hermann: αὐχένα H 816 μέccην, μέccῃ h 824 Proklos: τούτοιc δὲ ἐπάγουcί τινεc τὴν ὀρνιθομαντείαν, ἅτινα Ἀπολλώνιοc ὁ Ῥόδιοc ἀθετεῖ.

ERLÄUTERUNGEN.

Eine aufmerksame und vorurtheilslose Prüfung des Textes der 'Werke und Tage', wie er uns dermalen überliefert vorliegt, führt zu dem Ergebniss, dass derselbe aus zwei, anscheinend organisch mit einander verbundenen Schichten zusammengesetzt ist, welche sich in wesentlichen Puncten von einander in einer Weise unterscheiden, welche jede Möglichkeit ausschliesst, sie als gleichzeitig entstandene Glieder einer einheitlichen dichterischen Composition zu betrachten.

Die eine dieser Schichten besteht in Ausführungen, welche ohne Ausnahme an dieselben bestimmten Persönlichkeiten, den Bruder des Dichters, Perses, und die 'Könige', gerichtet sind, durch die Nöthigung der Lage, in welche der Dichter durch Handlungen dieser Personen ihnen gegenüber versetzt worden ist, veranlasst sein wollen, und ausdrücklich den einzigen beschränkten Zweck zu verfolgen bekunden, das Thun und Lassen dieser selben Personen in eine bestimmte Richtung zu lenken, welche den Interessen und Ueberzeugungen des Mahnenden entspricht. Die, die in jedem einzelnen Falle Veranlassung zur Mahnung gebende und den eigentlichen Ausgangspunct der Erörterung bildende Situation in der Regel als den Betheiligten bekannt voraussetzende und sie darum meist nur andeutend berührende Ausführung ist auch im Uebrigen durchweg so beschaffen, dass man sich der Ueberzeugung nicht verschliessen kann, es handle sich hier nicht um Personen und Verhältnisse, welche der Dichter fingirt, um der Darlegung seiner Ansichten und Anschauungen bequeme An-

knüpfungspuncte zu verschaffen, sondern um wirkliche
Personen und Thatsachen aus der Lebenserfahrung des
Dichters, ohne deren Einwirkung auf seine äussere Lage
und innere Stimmung erfahren zu haben er keine Veranlassung gehabt haben würde, seinen Gedanken über Gegenstände dieser Art in so besonderer und eigenartiger Weise
Ausdruck zu geben. Trotz der grossen und unverkennbaren Gleichartigkeit
aber, welche durch die bezeichneten Merkmale allen Theilen
ohne Ausnahme aufgeprägt ist, in welche sich das Ganze
in einer in die Augen fallenden Weise gliedert, sind doch
diese sich bemerkbar von einander absetzenden Abschnitte
keinesweges die organischen Glieder einer einheitlichen
dichterischen Composition, schon deswegen nicht, weil, wie
sich mit völliger Sicherheit erkennen und feststellen lässt,
sie nicht alle dieselbe Situation zur Voraussetzung und
zum Ausgangspunkte haben, vielmehr zum Theil auf sehr
verschiedene, auch der Zeit nach von einander abliegende
Erfahrungen und Lebenslagen des Dichters sich beziehen,
folglich unmöglich gleichzeitig und mit bestimmter Rücksicht auf einander entstanden sein können. Und selbst
diejenigen unter ihnen, welche dieselben Thatsachen zur
Voraussetzung haben, und von denen nicht bezweifelt
werden kann, dass ihre Entstehung derselben Zeit angehört, sind doch in der Form so wenig auf einander bezogen und mit einander verknüpft, dass sie vielmehr ganz
den Eindruck selbstständiger und in sich abgeschlossener
Einheiten machen. Mit anderen Worten: wir haben es
hier nicht mit einer Dichtung grösseren Umfanges, sondern
mit einer Sammlung kleinerer Einzeldichtungen zu thun,
welche, ohne dass der Versuch gemacht wäre, zwischen
den einzelnen eine wenn auch nur rein äusserliche Verbindung herzustellen, oder ihre Abgrenzung zu kennzeichnen,

aneinander gereiht sind, und zwar, soweit sich dies beurtheilen lässt, in der chronologischen Reihenfolge, in der sie neben oder nach einander entstanden sind. Die Möglichkeit, dass eine solche Zusammenstellung von einer anderen, späteren Hand herrühre, als der des Dichters selbst, scheint vollkommen ausgeschlossen, und ich glaube nicht, dass man mit ihr zu rechnen uns bei einiger Ueberlegung im Ernste wird zumuthen wollen.

Wesentlich verschieden von dem Charakter dieser ersten und auf alle Fälle ursprünglichen Schicht ist der einer zweiten, deren Bestandtheile den Liedern an Perses theils als Fortsetzung angehängt, theils an verschiedenen Stellen in dieselben eingeschoben sind. Der lehrhafte Inhalt dieser Stücke ist durchweg allgemeiner Natur, nicht an Perses oder überhaupt an bestimmte Personen gerichtet, nicht durch bestimmt erkennbare concrete Lebenslagen der oder des Verfassers hervorgerufen oder für solche berechnet, und geht zum Theil wenigstens von Voraussetzungen aus, welche zu den den Liedern an Perses zu Grunde liegenden Verhältnissen in unvereinbarem Widerspruch stehen. Da nun überdem der Inhalt der Abschnitte, aus denen die Fortsetzung besteht, zu dem was fortgesetzt werden soll, in einer rein äusserlichen und ganz oberflächlichen Beziehung steht, die eingeschalteten Stücke aber überall einen ursprünglichen Zusammenhang unterbrechen und ihre Stelle nur durch Jemand erhalten haben können, der diesen Zusammenhang gar nicht oder nur mangelhaft verstand oder verstehen wollte, so ist die Möglichkeit ausgeschlossen, dass die überlieferte Verbindung so disparater Theile zu einem unorganischen Conglomerate von dem Verfasser des Grundstockes, dem Dichter der Lieder an Perses, selbst herrühren könne, und es schwindet jede Berechtigung, ihn als Verfasser auch nur eines der hinzugefügten Theile in

Anspruch zu nehmen. Es ist vielmehr unzweifelhaft, dass der gegenwärtige Zustand der Ueberlieferung durch eine ziemlich willkürliche und tief eingreifende Ueberarbeitung des ursprünglichen Textes hervorgerufen worden ist, welche einer späteren Zeit angehört und an der der Dichter selbst nicht betheiligt war. Fraglich bleibt nur, ob diese Ueberarbeitung sich auf ein Mal oder allmälig vollzogen hat, ob also nur eines oder mehrerer Bearbeiter Thätigkeit dabei anzunehmen ist. Verwickelter wird diese Frage und schwieriger gestaltet sich die Entscheidung, wenn sie überhaupt möglich sein sollte, durch einen Umstand, dessen Thatsächlichkeit keinem Zweifel unterliegen kann, dass nämlich den meisten einigermassen umfangreichen Theilen, welche als der Ueberarbeitung angehörig mit Sicherheit erkennbar sind, wieder andere sich eingelegt zeigen, welche zu ihnen in ganz gleichem Verhältnisse stehen, wie sie selbst zu dem älteren Grundstocke des Ganzen, also gleichfalls als Producte einer stattgefundenen Ueberarbeitung aufgefasst werden müssen. An sich lässt sich ein solcher Zustand und seine Entstehung in verschiedener Weise erklären. Entweder nämlich kann angenommen werden, dass eine ältere durch Ueberarbeitung des ursprünglichen Textes zu Stande gekommene Recension in späterer Zeit nochmals überarbeitet und mit Zusätzen versehen worden ist, oder es liesse sich auch denken, dass der oder die Einleger der nicht ursprünglichen Theile des Ganzen nicht immer eigene Arbeit zu ihrem Zwecke verwendeten, sondern auch fremdes und älteres Gut benutzten, welches sie je nach Bedürfniss sich willkürlich zu überarbeiten erlaubten, ohne die Spuren ihrer umgestaltenden Thätigkeit gänzlich verwischen zu können oder auch nur zu wollen. Ich selbst halte die einfachere erste Auffassung für die richtige, und werde, was sich meiner Ansicht nach zu ihrer Begründung sagen lässt, weiter unten an den passenden Stellen beizubringen nicht unterlassen. Wie indessen immer im Einzelnen der Werdeprocess des überlieferten Textes beschaffen gewesen sein möge, zum Abschluss war er sicher gegen das Ende des 6. Jahrhunderts gelangt und wesentliche Aenderungen kann die Compositionsform des Ganzen nach dieser Zeit unmöglich erfahren haben. Denn schon Herakleitos von Ephesos machte Hesiodos für die in den Versen 761 ff. niedergelegten und von ihm missbilligten Anschauungen verantwortlich (Plutarch Camillus 19); und wenn, wie wahrscheinlich, Semonides von Amorgos Inhalt und Ausdrucksform seiner Verse Frg. 6 Bergk wirklich den Werken und Tagen 698. 699 entlehnt hat, so war dieser Process schon weit früher wenn nicht vollkommen beendet, doch seinem endlichen Abschlusse ganz nahe.

Ausser den umfangreicheren Zusätzen der späteren Ueberarbeitung sind durch das Ganze hin eine nicht unbeträchtliche Anzahl kleinerer Interpolationen, oft nur in einem Verse oder einem Verspaare bestehend, zerstreut, welche sich sicher und ohne alle Schwierigkeit als später hinzugekommen erkennen und ausscheiden lassen. Zwei von ihnen, deren Ursprung zweifellos in eine ganz späte Zeit herabgeht, habe ich aus dem Texte entfernen zu sollen geglaubt; die übrigen gehören, so weit sich das jetzt noch beurtheilen lässt, der überwiegenden Mehrzahl nach der älteren und ältesten Periode seines Entstehungsprocesses an, aber ihr zeitliches und sonstiges Verhältniss zu den grösseren Zusätzen der Ueberarbeitung lässt sich nicht mehr auch nur mit annähernder Wahrscheinlichkeit feststellen. Zum Glück wird durch diesen Mangel die Erkenntniss des für uns Wesentlichen und Hauptsächlichen in keiner Weise beeinträchtigt.

Das Prooemium.
(V. 1—10.)

Wer es zuerst unternahm, die nachfolgenden Lieder in der überlieferten Reihenfolge als ein wenn auch immer lose gefügtes Ganze zusammenzustellen, war unbedingt genöthigt dieser Zusammenstellung eine orientirende Einleitung voranzuschicken: ohne eine solche kann die Sammlung zu keiner Zeit existirend gedacht werden. War es also, wie ich unbedenklich annehme, der Dichter der Lieder selbst, der sie schliesslich in der vorliegenden Weise zusammenstellte, so ist die Sammlung von Anbeginn mit einer Einleitung versehen gewesen, welche ihn selbst zum Verfasser hatte.

Eine solche Einleitung bietet denn auch unsere handschriftliche Ueberlieferung in den zehn ersten Versen des Textes. Sie zeigt die äussere Form und Gliederung eines rhapsodischen Prooemiums, ohne doch ein solches wirklich zu sein; vielmehr ist die Situation, in welcher der Verfasser sich selbst und die folgenden Vorträge einführt, ganz in demselben Sinne eine freie Fiction, wie die Scene am Fusse des Helikon in der Einleitung zur Theogonie. Die Erfindung ist dem Inhalte, wie der Form ihrer Ausführung nach durchaus originell und zweckentsprechend; sie leistet, wenn auch in eigenartiger Weise, doch im Ganzen genommen vollkommen dem Brauche der frühesten wie auch späterer Zeiten entsprechend genau dasselbe, wie die uns geläufige Form der einfachen Betitelung, und besagt in diese umgesetzt nicht mehr und nicht weniger, als der von mir beispielsweise vorangestellte Titel 'Mahnlieder an Perses'. Wer den Verfasser recht versteht, kann nicht zweifeln, dass das Prooemium bestimmt ist, die folgende Zusammenstellung der Lieder an Perses einzuleiten, und nie einem anderen Zwecke gedient haben kann. Somit kann ich nur urtheilen, dass nicht der geringste Grund vorliegt, es für weniger ächt und ursprünglich als irgend einen anderen Theil des älteren Bestandes der Sammlung zu halten und es dem Dichter Hesiodos abzusprechen. Wäre es nicht ächt, so müsste zum mindesten angenommen werden, dass ein früher vorhanden gewesenes ächtes Prooemium, welches seit dem Zustandekommen der Sammlung, wie bemerkt, nothwendig vorhanden gewesen sein muss, durch dasselbe in späterer Zeit verdrängt worden sei, trotzdem, dass Spuren eines jüngeren Ursprunges absolut nicht erfindlich sind.

Allerdings hat Aristarch der Ueberlieferung zu Folge unser Prooemium als unächt verworfen und Andere haben sich nach ihm diesem Urtheile angeschlossen. Fragen wir nach den Gründen, welche ihn dazu bestimmt haben, so erhalten wir über diesen Punct keine zuverlässige Auskunft. Sollte er wirklich, was nicht durchaus feststeht, daran Anstoss genommen haben, dass das Prooemium die angerufenen Musen als aus Pierien stammend bezeichnet, während doch der von Askra am Helikon gebürtige Dichter die Musen sonst als die in seiner Heimath verehrten, als die Helikonischen, anzurufen pflege, so ist dieses Bedenken jedenfalls ein völlig nichtiges, welches einer besonderen Widerlegung gar nicht bedarf. Möglich, dass die Ansicht eines Vorgängers, des Theophrasteers Praxiphanes, auf ihn nicht ohne Einfluss war, welcher schon vor ihm das Prooemium verworfen hatte und sich dabei auf die Thatsache berufen haben soll, dass es in einem oder einigen Exemplaren, die ihm bekannt geworden waren, fehlte. Allein es ist die Frage, ob auf das Zeugniss einer Handschrift irgend etwas zu geben war oder ist, welches, da es überhaupt kein Prooemium enthielt, dem Verdachte verfällt, einen durch Willkür oder Zufall verstümmelten Text geboten zu haben. Noch geringer wiegt das Zeugniss jenes auf Bleiplatten geschriebenen und, wie offenbar zum Beweise seines hohen Alters ausdrücklich hervorgehoben wird, von der Zeit arg mitgenommenen Exemplares der Werke und Tage, welches Pausanias (IX, 31. 4) unter den Inventarstücken des Musenheiligthums am Helikon selbst gesehen haben will und dem ebenfalls das Prooemium fehlte. Ich glaube nämlich nicht, dass dieses Exemplar älter war als der ebendort befindliche famose Dreifuss, durch dessen Inschrift Hesiodos selbst bezeugte, dass er ihn geweiht, nachdem er zu Chalkis im Wettkampfe den göttlichen Homeros besiegt habe, und meine, dass der Hersteller desselben mit den Ergebnissen der Alexandrinischen Kritik vertraut gewesen ist und vielleicht besonders klug zu handeln geglaubt hat, wenn er den Text denselben gemäss gestaltete und im Besonderen keine für unächt erklärten und geltenden Verse in denselben aufnahm.

Alles in allem genommen finde ich keine Veranlassung das überlieferte Prooemium anzuzweifeln und für eine spätere Interpolation zu erklären: wer das dennoch thun will, der scheide es meinetwegen aus, erkenne aber die Verpflichtung an, alsdann an Stelle desselben die Zeichen einer Lücke zu setzen.

Das erste Lied.
(Vs. 11—48.)

Die Umstände, welche des Dichters Auslassungen in diesem Liede veranlasst haben, werden von ihm zwar nicht im Zusammenhange erzählt, sondern nur andeutend, weil als dem Adressaten und den Kreisen, für deren Kenntnissnahme die Dichtung ursprünglich allein bestimmt war, bekannt vorausgesetzt, berührt; allein die begegnenden Andeutungen und Anspielungen genügen vollständig, um von den betreffenden Verhältnissen eine deutliche Vorstellung zu gewinnen. Danach ist das Lied gedichtet zur Zeit eines zwischen dem Dichter und seinem Bruder schwebenden Processes, welcher durch einen von dem letzteren erhobenen, aber nach Ansicht des Dichters gänzlich unbegründeten Rechtsanspruch veranlasst worden war. Die richterliche Entscheidung war noch nicht gefällt, sondern stand bevor, aber der Dichter glaubte trotz der Ueberzeugung von seinem eigenen Rechte und dem Unrechte des Klägers auf Grund früher gemachter Erfahrungen nicht die zuversichtliche Ueberzeugung hegen zu dürfen, dass die richterliche Entscheidung zu Gunsten des Rechtes, also in seinem Sinne ausfallen werde, befürchtete vielmehr das Gegentheil. Darum wendet er sich an den Bruder mit der Aufforderung, auf eine Entscheidung des Streitfalles durch einen Richterspruch der Könige zu verzichten, und sich mit ihm gütlich zu vertragen: nur auf diesem Wege sei eine den Grundsätzen der Gerechtigkeit entsprechende Entscheidung zu ermöglichen. Den Bruder zum Eingehen auf diesen Vorschlag zu vermögen ist der ostensible Zweck der mahnenden Ansprache, die den Inhalt des Liedes bildet.

Die Ausführung zerfällt in zwei Theile, einen ersten allgemeinen (11—24 (26)) und einen zweiten besonderen (27—48), in welchem letzteren die Ergebnisse der Betrachtungen des ersten auf den besonderen Fall zur Anwendung gebracht werden. Im ersten Theile wird ausgeführt, dass es eine doppelte Art für die Menschen mit einander zu streiten, eine doppelte Eris, gebe, eine unheilvolle und verderbliche und eine segensreiche und heilvolle, weil die Menschen zu eigener Arbeit und erwerbender Thätigkeit anspornende; und zwar geschieht dies in der Form der Berichtigung einer Ansicht, welche das Vorhandensein nur einer Eris, und zwar einer ausschliesslich verderblichen, annimmt. Wenn nun bei Gelegenheit der Characterisirung der anderen nützlichen Eris diese in allegorischer Ausdrucksweise als eine Tochter der Nacht, wenn auch als eine früher geborene, bezeichnet wird, so kann dies auffallen und findet seine Erklärung lediglich unter der Voraussetzung, dass der als irrig bestrittenen Vorstellung die verderbliche Eris als eine Tochter der Nacht galt und der Dichter dies als etwas Feststehendes betrachtete, mit dem die neue von ihm vorgetragene Ansicht auszugleichen war: die ältere wird nicht ihrem ganzen Inhalte nach negirt, sondern nur vervollständigt und dadurch berichtigt. Diese ältere, hier bestrittene und berichtigte Vorstellung ist vertreten durch die Darstellung der Theogonie 211 ff., nach welcher die verderbliche Nacht neben anderen Daemonen des Unheils auch die hassenswerthe Eris gebiert, welche ihrerseits anderes Unheil der verschiedensten Art in das Leben ruft, ohne dass daneben einer anderen Eris Erwähnung gethan wird.

Wer nun der Ansicht ist, dass in dieser Stelle nur einer allgemein verbreiteten und im Volksglauben bereits zu typischer Festigung gelangten Vorstellung Ausdruck gegeben werde, mag annehmen, dass es dieser Zug des Volksglaubens sei, an den der Dichter in der Einleitung unseres Liedes anknüpfend Kritik übt; wer dagegen, wie ich, überzeugt ist, dass der Dichter der Theogonie in jenem allegorischen Stemma lediglich seine eigenen sittlichen Anschauungen und eine rein individuelle Auffassung dieser Dinge niedergelegt hat, der muss behaupten, was auch von älteren Erklärern bereits geschehen ist, dass der Dichter in unserem Liede an sich selbst Kritik geübt hat, dass er sich auf jene Stelle der Theogonie bezieht, und folglich angenommen werden muss, dass die Theogonie vor jener Periode im Leben des Dichters geschaffen worden ist, der dieses wie die folgenden Lieder ihre Entstehung verdanken.

Dem durch die gewählte Ausdrucksform deutlich gekennzeichneten Schlusse des ersten Theiles folgen als Nachzügler zwei Verse (25. 26), die sich deutlich als zwei verschiedene metrische Formulirungen einer sprichwörtlichen Redeweise zu erkennen geben. Dass sie ihre jetzige Stelle einer späteren Interpolation verdanken, beweist die Schiefheit der Beziehung, in der ihr Inhalt zum Vorhergehenden steht; κότος und φθόνος sind wesentlich verschieden von jenem berechtigten und heilstiftenden ζῆλος, von welchem dort die Rede ist.

Im zweiten Theile wendet sich der Dichter sodann direct an den Bruder mit der Aufforderung, die im Vorhergehenden festgestellte Wahrheit zu beherzigen und dem Dienste jener unheilvollen Eris zu entsagen, die den Menschen von ehrlicher und gewinnbringender Arbeit abhalte, zu welcher nach dem Obigen ihn eine ganz anders geartete Eris allein anspornen kann. Er solle das leidige Processiren lassen, welches, wie mit ironischer Bitterkeit bemerkt wird, ein Sport sei, den sich nur reiche Leute erlauben dürften: Perses, der zu diesen nicht gehöre, werde es nicht so weiter treiben können, wie bisher, und daher gut thun, sich mit dem Dichter gütlich zu vergleichen, ohne eine richterliche Entscheidung des zwischen beiden schwebenden Rechtsstreites abzuwarten, bei der die Gerechtigkeit doch zu kurz kommen müsse. Dazu habe er auch sonst alle Veranlassung: bei Gelegenheit der Theilung des väterlichen Nachlasses habe er das Seine bekommen und später wiederholt noch gar Manches, das ihm nicht gebührte, in rechtswidriger und gewaltthätiger Weise mit Hülfe derselben 'Könige' sich angeeignet, in deren Händen die Entscheidung des gegenwärtig schwebenden Processes liege. Die Erwähnung der 'Könige' und der von ihnen erlittenen Unbilden veranlasst den Dichter alsdann zu einem scharfen Ausfall auf diese selbst. Er beschuldigt sie, dass sie bestechlich seien und nur von Bestechung lebten, und schilt sie Thoren, die nicht wüssten, dass Wenig, wenn durch ehrliche Arbeit erworben, mehr sei als Viel, zu dem man unrechtmässig gekommen, und ein wie grosser Segen auf dem geringsten Auskommen ruhe, das durch Arbeit im Schweisse des Angesichtes erworben worden sei. Denn so hätten es einmal Zeus und die Götter geordnet, dass, was für den Menschen zu des Lebens Nothdurft gehöre, nicht auf der Strasse liege, auch dem Faullenzer zugänglich, sondern, zunächst versteckt und verborgen, darum aufgesucht, durch Arbeit erworben und erkämpft werden müsse; das sei einmal der Fluch, der auf dem Menschengeschlechte laste zur Strafe für den Betrug, den sein Schützer Prometheus an den Göttern verübt habe.

Sinn und Zusammenhang dieser in überaus kerniger und gedrängter Ausdrucksweise vorgetragenen Gedankenfolge sind meines Erachtens klar und verständlich für Jeden, der sich mit der Anschauungsweise und den eigenartigen Ausdrucksformen des Dichters vertraut gemacht hat; zweifelhaft bleibt nur, ob der formale Abschluss des Liedes nicht etwa in Folge des Umstandes zerstört worden und für uns verloren gegangen ist, dass, woran nicht zu zweifeln, in späterer Zeit ihm die Hand eines Unbekannten eine allerdings wenig passende Fortsetzung angeflickt hat.

Spätere Fortsetzung und Anhang zum ersten Liede.
(Vs. 49—197.)

Die Verse 49—104, welche eine breit ausgeführte Erzählung von der Art und Weise enthalten, in der Zeus für den von Prometheus an ihm verübten Betrug an den Menschen Rache genommen hat, und an sich sehr wohl als selbständige Darstellung existenzfähig sein würden, sind doch der Form nach so eng mit dem Vorhergehenden verbunden und durch ihren Inhalt auf dasselbe bezogen, dass man deutlich sieht, derjenige, welcher sie hierher gestellt, habe in ihnen eine Erläuterung und weitere Ausführung, somit eine Fortsetzung des Vorhergehenden geben wollen. Dass es nun aber nicht der Dichter des ersten Liedes selbst gewesen ist, der die eigenen Andeutungen in dieser Weise weiter ausgeführt hat, sondern ein Anderer erst später hinzugefügt hat, was von jenem überhaupt nicht beabsichtigt war, das ergibt sich, ganz abgesehen von anderen Gründen, deren Beweiskraft vielleicht nicht Jeder ohne Weiteres anzuerkennen geneigt sein möchte, schon allein daraus mit einer jeden Zweifel ausschliessenden Evidenz, dass die Ausführung, welche gegeben wird, von einer Auffassung des Sinnes der zu erläuternden Andeutungen ausgeht, welche als eine durchaus oberflächliche und missverständliche bezeichnet werden muss. Während nämlich dort gesagt ist, dass Zeus und die Götter in ihrem Zorn den $\beta\iota o\varsigma$ vor den Menschen versteckt und somit diese dazu verdammt hätten, ihn durch harte Arbeit sich zu erwerben, wird uns hier erzählt, Zeus habe erzürnt über den von Prometheus verübten Betrug den Menschen $\kappa\eta\delta\epsilon\alpha$ $\lambda\upsilon\gamma\varrho\alpha$ geschaffen, zuerst dadurch, dass er das Feuer vor ihnen versteckt, dann, nachdem Prometheus es gestohlen und den Menschen wieder zugeführt, dadurch, dass er das Weib habe schaffen und dem Epimetheus zuführen lassen, der es trotz Prometheus Warnung bei sich aufgenommen und den Schaden, den er dadurch ohne es zu wollen angerichtet, erst als es zu spät war wahrgenommen habe. Wie wenig beides zu einander passt, ist sonnenklar und der Schluss darum unausweichlich, dass Beides nicht ursprünglich zusammen gedacht sein kann, die ausführende Fortsetzung

vielmehr ein Zusatz von anderer Hand und aus späterer
Zeit sein muss: denn allein durch diese Annahme wird
begreiflich und verständlich, was sonst unbegreiflich sein
würde und unerklärt bleiben müsste. Damit sind indessen noch andere Schwierigkeiten
keinesweges beseitigt, welche die Compositionsform des
Textes der Fortsetzung für sich betrachtet darbietet. Einmal nämlich steht der Inhalt der Verse 69—82, welche
über die Ausführung der von Zeus ertheilten Befehle durch
die von ihm beauftragten Gottheiten berichten, in unlösbarem Widerspruche zu den vorhergehenden Angaben über
die Ertheilung dieser Befehle: dort sind die Beauftragten
Hephaestos, Athene, Aphrodite und Hermes, hier die Ausführenden Hephaestos, Athene mit Beihülfe der Chariten,
der Peitho und der Horen und Hermes, während Aphrodite auffälliger- und unpassenderweise gänzlich unberücksichtigt bleibt. Auch die Vertheilung der Arbeit unter die
Beauftragten ist beide Male eine wesentlich andere: dort
soll Hephaestos dem von ihm gestalteten Gebilde die
Stimme geben, hier thut das vielmehr Hermes, dort wird
Athene beauftragt, jenes Geschöpf in weiblichen Arbeiten
zu unterrichten, hier besorgt sie den äusseren Aufputz
desselben unter Assistenz der oben bezeichneten Gehülfinnen; der bestrickende Reiz endlich, den dort Aphrodite sehr bezeichnender Weise zu verleihen hat, kommt hier
mit der Person der Aphrodite selbst gänzlich in Wegfall.
Es kommt hinzu, dass das ganze Stück 69—82 für den
Zusammenhang der Erzählung nicht unbedingt nothwendig
ist und ohne ihn irgend zu stören ausgeschieden werden
kann, ferner, dass die Anfügung an das unmittelbar Vorhergehende eine rohe und nachlässige ist, indem mit einem
ὡς ἔφατο fortgefahren wird, ohne dass directe Rede vorangegangen wäre.

Nicht mindere Schwierigkeiten bereitet der Schluss der ganzen Erzählung in den Versen 90—104. Während der Erzählung bis 68 das Motiv der alterthümlicheren Darstellung der Theogonie 535—612 zu Grunde gelegt und mit klarstem Bewusstsein durchgeführt und festgehalten erscheint, dass nämlich Zeus dem Prometheus und seinen Menschen zur Strafe das Weib erschaffen lässt, welches als ein nothwendiges Uebel durch den daemonischen Zauber seiner körperlichen Reize und die gefährlichen Eigenschaften seines geistigen Wesens ungemessenes Unheil über die Menschheit verbreitet, und während sodann im weiteren Verlaufe der Darstellung bis 89 wenigstens nirgends eine unzweideutige Spur davon begegnet, dass die Vorstellung sich geändert habe, tritt plötzlich und ohne jede Vorbereitung in dem fraglichen Schlusse nun ein ganz anderes, mit dem ersten schwer oder gar nicht vereinbares in den Vordergrund: Das von Epimetheus unbesonnener Weise trotz der Warnung des Prometheus in sein Haus aufgenommene Weib öffnet, es wird nicht gesagt, aus welcher Veranlassung und zu welchem Zwecke, einen Pithos, von dem man nicht erfährt, wie er in das Haus des Epimetheus gekommen zu denken ist und wer ihn mit seinem verderblichen Inhalte versehen hat, und wird dadurch, wie es scheint, ohne es eigentlich gewollt zu haben, die mittelbare Ursache aller, namentlich aber auch der körperlichen Leiden, von denen das Menschengeschlecht seitdem heimgesucht wird; denn bis zu diesem Augenblicke waren alle κήδεα λυγρά in jenem Pithos eingesperrt und die Menschen von ihnen verschont gewesen.

Unbestreitbar ist hiernach, dass die vorliegende Darstellung aus der versuchten, aber nicht vollständig gelungenen Ineinanderarbeitung zweier ganz verschiedener Motive hervorgegangen ist: in welcher Weise man aber sie sich zu Stande gekommen zu denken hat und in welchem Zusammenhange mit diesem Hergange etwa die Einschaltung von 69—82 gestanden hat, ist schwer oder unmöglich mit absoluter Sicherheit festzustellen. Ich halte für das Wahrscheinlichste, dass der Hergang folgender war: Derjenige, welcher durch eine missverständliche Auffassung der Andeutungen im alten Liede sich zuerst veranlasst sah, demselben eine Fortsetzung anzuhängen, benutzte als Quelle die Theogonie, wie das zu Grunde liegende Motiv und einzelne wörtliche Anklänge beweisen (vgl. 50 und Theog. 565, 52 und Theog. 567, 53. 54 und Theog. 558. 559, 57 und Theog. 570, 83 und Theog. 589), jedoch in völlig freier und selbständig gestaltender Weise, wie er denn auch das trügerische Gebilde der Urmutter des Frauengeschlechtes nicht in die Versammlung der Götter und Menschen eingeführt und vorgestellt, sondern durch Hermes dem Epimetheus in das Haus geschickt werden lässt. Seine Arbeit sind die Verse 49—68 und 83—89, welche ursprünglich unmittelbar aneinanderschlossen; vielleicht ist auch noch 104 von seiner Hand und folgte zuerst abschliessend auf 89. Von einem Späteren ist dann mit dieser Erzählung das Motiv des Mythos von der Pandora, die im Hause des Epimetheus den Deckel vom Pithos des Unheils hebt, in nicht besonders gelungener Weise zu verbinden versucht worden und sind zu diesem Zwecke die Verse 69—82 eingeschoben und 90—103 oder 104 angehängt worden. Die Quelle, welche etwa für diese Zusätze benutzt wurde, ist unbekannt: jedenfalls kannte ihr Urheber daneben auch die Theogonie; vgl. 70—72 und Theog. 571—573.

An die Fortsetzung des ersten Liedes schliesst sich sodann durch die Vermittelung einiger Uebergangsverse bis 197 ein nach Seiten der Form wie des Inhaltes in sich abgeschlossenes und selbständiges Gedicht an, welches einer pessimistischen Weltanschauung Ausdruck gibt, indem es die Entwickelung des Menschengeschlechtes als einen nach dem Willen der Götter sich vollzogen habenden und noch vollziehenden Niedergang zu immer grösser werdendem Elende darstellt und dabei den Mehr- und Minderwerth der aufeinanderfolgenden Perioden dieser Entwickelung, in deren letzter sich der Verfasser lebend denkt, durch Benennung nach den Metallen, Gold, Silber, Bronce und Eisen, äusserlich kennzeichnet. Dieser seiner Tendenz nach steht es in innerer Beziehung zu dem voraufgehenden Pandoramythos der Fortsetzung, insofern es, wie dieser, wenn auch in anderer Vorstellungsform, den Hergang veranschaulicht, durch welchen das Elend des Lebens, die πήματα λυγρά, nach dem Willen der Götter über die Menschen gekommen ist. So nennen denn auch die Einleitungsverse das Gedicht einen ἕτερος λόγος, dem also ein anderer vorangegangen sein muss, und meinen mit diesem ersten λόγος offenbar den Pandoramythos, woraus sich ergibt, dass die bezeichnete Gleichheit der Tendenz dem Bewusstsein des Anfügenden klar gewesen und die Anfügung recht eigentlich veranlasst hat. Zu welchen weiteren Folgerungen wir durch diese Thatsache genöthigt und berechtigt werden, ist ebenfalls klar: der Anfüger des Gedichtes von den Weltaltern kann nicht der Dichter des Mahnliedes an Perses gewesen sein, sondern einzig und allein entweder der Verfasser der Fortsetzung jenes Liedes oder gar ein noch später lebender Fortsetzer dieser Fortsetzung. Das Erstere zu setzen, scheint mir das Einfachste und Natürlichste. Denn noch etwas Anderes hat neben der gleichartigen Tendenz das Gedicht von den Weltaltern mit der Fortsetzung gemeinsam: wie diese zeigt es die Spuren einer später vorgenommenen Ueberarbeitung des ursprünglichen Textes.

Von den vorgeführten fünf Weltaltern werden das erste, zweite, dritte und fünfte nach Metallen benannt, das vierte, dessen Schilderung in den Versen 152—169 enthalten ist, entbehrt einer solchen Bezeichnung. Zudem stört dieser Abschnitt durch seinen Inhalt den Organismus der Gesammtdarstellung in der empfindlichsten Weise, indem er den unaufhaltsamen Niedergang des Menschengeschlechtes nach dem dritten Weltalter durch einen jähen und ganz unvermittelten Aufschwung unterbrochen werden und erst im fünften sich wieder fortsetzen lässt. Dass wir also in den Versen vom vierten Weltalter eine Interpolation vor uns haben, ist klar, und nicht minder deutlich die Veranlassung, welche sie hervorgerufen hat. Einer Anschauung, welche sich gewöhnt hatte, in den Kämpfern vor Troja und Theben die Vertreter einer glanzvollen Heldenperiode, ein Geschlecht von Heroen, zu erblicken, musste es als ein Mangel und eine Unvollständigkeit der Darstellung erscheinen, wenn derselben nirgends in gebührender Weise gedacht war; denn sie unter den Recken des ehernen Zeitalters zu suchen, in deren Reihen die ganz anders geartete düstere Auffassung der Sagenüberlieferung, der der Dichter huldigte und die sie sich gegenseitig mordend fallen liess ohne einen Namen zu hinterlassen, sie verwiesen hatte, konnte ihr nicht einfallen. Das gab Veranlassung zu einer Ergänzung und Vervollständigung der Darstellung, durch welche den vergessenen Heroen zu ihrem Recht verholfen werden sollte, um den Preis von Inconvenienzen, welche man absichtlich übersah oder vielleicht überhaupt nicht bemerkte. Nur einer Aeusserlichkeit, freilich einer kaum zu übersehenden, geschah Genüge, nämlich der durch Einschub eines früher nicht vorhanden gewesenen vierten Weltalters nothwendig gewordenen Abänderung der Zahl im 170. Verse ($\pi \acute{\epsilon} \mu \pi \tau o \iota \sigma \iota$ für $\tau \epsilon \tau \varrho \acute{\alpha} \iota o \iota \sigma \iota$).

Wenn ferner das goldene, silberne und eiserne Weltalter, so weit sich sehen lässt, nach den betreffenden Metallen benannt werden, lediglich um ihren verschiedenen Werth zu bezeichnen und ohne dass die verschiedenen Metalle in der Schilderung der Eigenart der einzelnen Weltalter sonst irgend eine Rolle spielen, muss es auffallen, dass die Benennung des ehernen Geschlechtes in den Versen 146. 147 ausdrücklich dadurch begründet wird, dass die Genossen desselben broncene Rüstungen, Häuser und Werkzeuge desswegen besassen und benutzten, weil Eisen noch nicht vorhanden war. Ich kann nur urtheilen, dass diese abweichende Auffassung durch eine Interpolation in den Text gerathen ist, dessen Zusammenhang, wie ausdrücklich hervorgehoben zu werden verdient, durch die Ausscheidung des betreffenden Verspaares in keiner Weise alterirt werden, im Gegentheil eher noch gewinnen würde.

Endlich kann der Schluss der ganzen Darstellung, die Verse 178—197, unmöglich zum ursprünglichen Bestande derselben gehören, sondern muss später hinzugefügt worden sein. Dieser Abschnitt schildert, nachdem bereits im Vorhergehenden das zukünftige traurige Geschick des Geschlechtes der Gegenwart voraussagend beschrieben und der Zeitpunkt seines bevorstehenden Aussterbens durch das Auftreten eines äusseren Kriteriums seiner völlig geschwundenen Lebenskraft bezeichnet worden ist, ganz unerwartet und ohne jede Vermittelung von Neuem anhebend in grösster Ausführlichkeit und den grellsten Farben den zu erwartenden Niedergang desselben Geschlechtes, dessen zunehmende Plagen und Leiden als die nothwendigen Folgen der stets zunehmenden Unsittlichkeit dargestellt werden. Auch hier handelt es sich offenbar um die nachträgliche Geltendmachung eines Momentes, welches man in der älteren Darstellung vermisste und durch dessen Einführung man sie zu verbessern und zu vertiefen meinte. Dass die Ansatzfuge auch äusserlich bemerkbar blieb, störte nicht oder entzog sich der Wahrnehmung.

Ueber das Verhältniss dieser Interpolationen zu dem ursprünglichen Texte urtheile ich eben so, wie oben über das der späteren Erweiterungen der Fortsetzung des ersten Liedes, und meine, ohne freilich dafür einen regelrechten Beweis beibringen zu können, dass die Entstehungsgeschichte der Verse 49—197 einfach so aufzufassen ist, dass zunächst die Fortsetzung wie das Lied von den Weltaltern gleichzeitig und von derselben Hand dem ersten Liede an Perses hinzugefügt wurden, dass ein und derselbe Spätere beide Theile einer Ueberarbeitung unterzog, dass also die Interpolationen beider Theile als von derselben Hand herrührend zu betrachten wären.

Schliesslich bemerke ich noch, dass die nach den beiden Uebergangsversen 105. 106 angefügte Inhaltsangabe des Folgenden im 107. Verse zwar, weil auf einem Missverständniss des Sinnes der Dichtung beruhend, sicher als eine Interpolation zu betrachten ist, dass aber jenes Missverständniss ein so colossales ist, dass weder der ältere noch der jüngere der hier thätig gewesenen Einarbeiter dafür verantwortlich gemacht werden können, die unglückliche Interpolation vielmehr in einer viel späteren Zeit entstanden sein muss.

Das zweite Lied.
(Vs. 198—208.)

Wie das erste Lied an den Kläger Perses, so ist das zweite an die Könige gerichtet, die in dem Streite als Richter das Urtheil zu fällen haben. Es hat die Form eines $αἶνος$, d. h. einer fingirten Erzählung, hier einer Thierfabel, in der ein verborgener und zu errathender Sinn enthalten ist. Die Deutung will der Dichter nicht selbst geben, sondern erklärt sie mit ausdrücklichen Worten der Einsicht derer überlassen zu wollen und zu können, die es angeht (φρονέουσι καὶ αὐτοῖς). Schon hieraus ist klar, dass die 'Moral' der Fabel, welche in Worten des Habichts die Verse 206. 207 zu geben versuchen, nicht von dem Dichter herrühren kann, und dass Aristarch unbedingt Recht hatte, wenn er diese Verse für eine Interpolation erklärte. Noch viel deutlicher aber ergibt sich das aus dem Umstande, dass diese 'Moral' auf einer grundfalschen Auffassung des Sinnes und Zweckes der kleinen Dichtung beruht. Es ist dem Dichter nicht eingefallen zuzugeben und gar ausdrücklich erklären zu wollen, dass der Schwächere den Kampf gegen den Stärkeren nicht aufnehmen dürfe, weil er des Sieges verlustig gehen und zu dem Schaden nur noch den Spott haben werde; vielmehr ist sein Lied der Ausdruck des sich aufbäumenden Trotzes des vergewaltigten Schwächeren, der doch seines Rechtes sich bewusst ist, gegen die brutale Willkür des sich stark und übermächtig Dünkenden. Unter der liederreichen Nachtigall will der Dichter sich selbst, den fahrenden Sänger, unter dem Habicht das Richtercollegium verstanden wissen, und der Sinn seiner Erzählung ist einfach dieser: 'Ihr hochgeborenen Richter verfahrt mit mir, dem armen Sänger, den ihr als gemeinen Demiurgen verachten zu können glaubt, wie der Habicht mit der armen Nachtigall, die er in seinen Klauen hielt; ihr spottet meiner Klagen und der Berufung auf mein gutes Recht, ihr wähnt, mein Schicksal in euren Händen zu haben, und verlangt, dass ich mich eurer Willkür füge ohne Recht; was soll man dazu sagen?' Also eine Anklage gegen die Könige und eine Berufung von der Gewalt an das Urtheil aller Rechtlichgesinnten unter denen, die da zuhörten, zumal der Standesgenossen, des Demos.

Die Zeit der Entstehung dieses Liedes kann nicht weit von der des vorhergehenden abliegen: denn wenn der Dichter den Habicht (die Richter) sagen lässt, es stehe ganz in seinem Belieben, ob er die Nachtigall fliegen lassen oder verspeisen (d. h. den Dichter freisprechen oder verurtheilen) wolle, so ist klar, dass damals der Rechtstreit noch schwebte und eine Entscheidung durch Richterspruch zwar bevorstand, aber noch nicht erfolgt war, die Situation also dieselbe war, wie zur Zeit des ersten Liedes. An einen anderen Rechtstreit aber zu denken, liegt keine Veranlassung vor, zumal da auch die folgenden Lieder sich auf ebendenselben beziehen. Ob der Dichter mit den Richtern anbinden zu sollen glaubte, weil der Bruder auf den im ersten Liede vorgeschlagenen Vergleich nicht eingegangen war und auf richterliche Entscheidung nicht hatte verzichten wollen, unser Lied also etwas später gedichtet ist, als das erste, oder ob er gleichzeitig mit jenem Vorschlage denselben Richtern die Wahrheit gesagt hat, über die er sich im ersten Liede in ganz ähnlicher Weise ausspricht, muss billig dahingestellt bleiben.

Das dritte Lied.
(V's. 209—243.)

Die Mahnungen dieses Liedes richten sich wieder an den Bruder, welcher aufgefordert wird, auf die Stimme der Gerechtigkeit zu hören und vom Frevel zu lassen: denn Frevel zu üben sei von verderblichen Folgen für den gemeinen, wie den adligen Mann, besser fahre immer, wer recht zu handeln sich befleissige, denn das Recht gewinne zuletzt immer den Sieg über den Frevel und wer so thöricht sei das nicht zu erkennen und zu glauben, müsse es zu eignem Schaden erfahren: dafür sorgten die Eide, welche durch ungerechte richterliche Entscheidungen verletzt würden, und das Recht selbst, dem durch sie schimpfliche Gewalt angethan werde. Die Folgen aber ungerechter wie gerechter Rechtspflege treffen nicht nur die unmittelbar an derselben Betheiligten, sondern die Gesammtheit aller zur Rechtsgemeinschaft Gehörigen, in deren Interesse es folglich liegt, dass unter ihnen Gerechtigkeit geübt und Frevel verhindert wird. So geht denn der Dichter im zweiten abschliessenden Theile des Liedes über zu einer ausführlichen Schilderung der glückseligen Zustände einer Gemeinde einerseits, in deren Mitte Recht und Gerechtigkeit geübt wird, und der unseligen einer solchen anderseits, in der Frevel und Ungerechtigkeit walten. Allerdings wird damit in das Allgemeine ausgewichen und es könnte scheinen, als ob der Dichter sein nächstes und unmittelbarstes Ziel gänzlich aus den Augen verliere, nämlich auf die Handlungsweise des angesprochenen Bruders einen bestimmenden Einfluss zu üben; denn wie der Dichter den Charakter desselben schildert, fällt es schwer anzunehmen, dass er habe glauben mögen, durch Erwägungen dieser Art auf ihn, den ausgesprochenen Egoisten, den geringsten Eindruck machen zu können. So muss allerdings urtheilen, wer sich vorstellt, der Dichter habe seine Lieder in der Absicht gedichtet, sie den Adressaten unter Couvert, ἐν πίνακι πτυκτῷ, zugehen zu lassen, oder sie ihnen unter vier Augen vorzurhapsodiren; anders stellt sich die Sache, wenn wir von der Annahme ausgehen, welche mir die allein richtige zu sein scheint, die Lieder seien wenigstens zu einem Theile ursprünglich bestimmt gewesen vom Dichter selbst auf offener Strasse in Askra oder Thespiae vor der zusammengelaufenen Menge aller, die da zuhören wollten, vorgetragen zu werden, um für seine Sache beim gemeinen Manne zunächst Stimmung zu machen, und von da auf indirectem Wege erst zur Kenntniss der scheinbar in erster

Linie Betheiligten gelangt. Alsdann begreift man ohne Schwierigkeit, wie der Dichter dazu kommen konnte, hier und an anderen Stellen seinen Darlegungen eine Wendung oder Beisätze zu geben, deren Wirkung weniger auf die Adressaten, als auf die bei den öffentlichen Vorträgen der Lieder anwesend vorausgesetzte Zuhörerschaft berechnet war, und die darum auf den ersten Blick für uns schwer verständlich sein müssen. Allerdings hiess in dieser Weise, wie hier und anderwärts geschieht, zu den Leuten auf der Gasse reden nichts anderes, als sie gegen das bestehende Regiment der Adelsgeschlechter und deren Misswirthschaft aufregen und die Rolle eines Thersites spielen; allein die Agitation war in diesem Falle vielleicht nicht ohne jeden Erfolg, und ihre Popularität und weite Verbreitung schon in frühen Zeiten haben die Lieder diesem ihrem Charakter wenigstens zu einem grossen Theile jedenfalls zu verdanken.

Wie man sieht, bildet den Inhalt des Liedes nicht Klage über einen bereits erfolgten Rechtspruch, sondern Warnung vor einem bevorstehenden und als von Perses betrieben bezeichneten; die Situation ist also auch hier dieselbe, wie im ersten und zweiten Liede, und das unsere folglich jenen beiden gleichzeitig.

Das vierte Lied.
(Vs. 244—265.)

Dieselbe Zeitbestimmung gilt auch für das vierte Lied. Es ist an die Könige gerichtet, welche ermahnt werden, den ihrer Entscheidung unterbreiteten Rechtsfall ($τήνδε δίκην$ 245. 265) sich wohl zu überlegen und, abweichend von ihrer gewöhnlichen Praxis, ein gerechtes Urtheil, also nach dem Sinne des Dichters, zu fällen, in Erwägung der üblen Folgen, die eine Verletzung des Rechtes für die Schuldigen unzweifelhaft nach sich ziehen werde. Wieder werden diese üblen Folgen nicht als nur die eigentlich Schuldigen, sondern den ganzen Demos treffend bezeichnet, wenn das auch in diesem Falle mehr nebenher und nicht mit der Ausführlichkeit, wie im vorhergehenden Liede, geschieht: die Erscheinung erklärt sich in beiden Fällen ganz auf die nämliche Weise.

Die Verse 261. 262 halte ich für eine Interpolation ganz desselben Schlages, wie oben 25. 26; sie passen ihrem Inhalte nach ganz wohl an ihre Stelle, überlasten aber den Ausdruck und, was die Hauptsache ist, unterbrechen in der empfindlichsten Weise den Zusammenhang zwischen den Versen, die ihnen unmittelbar vorangehen und folgen. In der That haben wir es wiederum nur mit zwei verschiedenen Fassungen einer sprüchwörtlichen Redensart zu thun, welche in unpassender Weise, wenn auch dieses Mal ohne Missverständniss des Sinnes, einem vollständigen und in sich abgeschlossenen Zusammenhange später eingefügt worden sind.

Das fünfte Lied.
(Vs. 266—281.)

Mit dem vorhergehenden Gedichte schliesst der Cyclus derjenigen Lieder, welche auf den von Perses gegen den Bruder angestrengten Process Bezug haben, von dem wir nicht erfahren, welchen Ausgang er genommen. Denn das fünfte Lied weist allerdings auf eine zwischen den Brüdern bestehende starke Spannung, und zwar wiederum in Folge eines Rechtsstreites hin, in welchem sie sich einander gegenüberstehen, allein die Situation ist doch eine von der der vorigen Lieder wesentlich verschiedene. Der Dichter beginnt mit dem Ausdruck unwilliger Empörung darüber, dass Jemand, der minderes Recht habe, das bessere erhalten solle, vertraut aber, dass Zeus ein Einsehen haben und es nicht dazu kommen lassen werde. Auch hier also handelt es sich um einen Rechtsstreit, dessen Entscheidung noch bevorsteht und an dem nicht nur der Dichter, sondern, wie aus dem Folgenden hervorgeht, in irgend einer Weise auch Perses betheiligt ist. Denn wenn der letztere nun ermahnt wird, auf das Recht zu hören und der Gewaltthätigkeit zu entsagen, weil letztere sich nur für unvernünftige Thiere schicke, ersteres allein menschenwürdig sei, so ist seine Stellung zur Sache damit im Allgemeinen hinreichend deutlich bezeichnet. Wenn dann aber weiter jener Mahnung Nachdruck durch den Hinweis darauf verliehen wird, dass Zeus demjenigen, der, was recht ist und er als solches erkennt, auch sage, reichlichen Segen spende, denjenigen aber, der durch falsches Zeugniss unter Ablegung eines wissentlichen Meineides das Recht schädigt, an seinen Nachkommen strafe, während auf der Nachkommenschaft eines eidestreuen Mannes, d. h. eines solchen, der der Wahrheit gemäss seine Aussagen macht, Heil und Segen ruhe, so ist nicht minder klar, dass der so Gemahnte und Bedrohte nicht als Kläger, sondern als Zeuge gedacht ist, und, wenn des Dichters Ausführungen sich, wie nicht zu bezweifeln, auf Thatsachen beziehen, in dem Rechtsstreite, um den es sich handelt, als solcher zu Ungunsten des Bruders auch wirklich aufgetreten ist oder hat auftreten wollen. Denn seine Zeugenaussage hat er noch nicht gethan und die Absicht des Dichters ist offenbar, ihn davon abzuhalten. Folgt Perses seiner Mahnung, legt also überhaupt kein Zeugniss oder ein wahrheitsgemässes zu Gunsten des Bruders ab, so hört er nach dem Obigen auf die Stimme des Rechts und enthält sich roher Gewaltthat.

Um was es sich also handelt, kann einem Zweifel

nicht wohl unterliegen; unverständlich bleibt zunächst nur, wie der Dichter dazu kommt, die beabsichtigte Ablegung eines falschen Zeugnisses als einen Act der Gewalt von Seiten des Bruders zu bezeichnen. Es lässt sich darüber allerdings nur eine Vermuthung aufstellen, aber ich glaube, dass wir das Richtige treffen werden, wenn wir annehmen, dass es ein Erpressungsversuch war, der dem Dichter Veranlassung zu Auslassungen gab, die seine Antwort zu Jedermanns Kenntniss bringen sollten: Perses hatte an den Bruder eine Forderung gleichviel welcher Art gestellt, und, als dieser sie zu erfüllen sich weigerte, um ihn zu zwingen gedroht, im Falle fortgesetzter Weigerung in irgend einer Sache ein Zeugniss zu seinen Ungunsten unter Eid ablegen zu wollen, welches der Dichter als wahrheitswidrig zu betrachten sich berechtigt glaubte, so dass ihm eine solche Drohung als ein Act rechtloser Gewaltthätigkeit erscheinen musste. Die Beschaffenheit der Strafe, welche dem Meineidigen in Aussicht gestellt wird, lässt darauf schliessen, dass Perses damals bereits verheirathet und mit Nachkommenschaft gesegnet war.

Auf jeden Fall darf als feststehend betrachtet werden, dass die Situation, welche unser Lied voraussetzt, mit der den vier vorhergehenden zu Grunde liegenden nicht identisch ist, unser Gedicht folglich mit jenen nicht gleichzeitig entstanden sein kann, sondern wahrscheinlich in eine etwas spätere Zeit zu setzen ist; wenigstens vermag ich einen Grund, es in eine frühere Periode heraufzudatiren, nicht abzusehen.

Das sechste Lied.
(Vs. 282—288.)

Die kurze Mahnung, welche den Inhalt dieses Liedes bildet, ist so allgemeiner Natur, dass weder die Veranlassung, welche der Dichter hatte, sie an den Bruder zu richten, noch der Zweck, den er dabei im Auge hatte, sich erkennen lässt. Auch das zeitliche Verhältniss zu den vorhergehenden und folgenden Liedern lässt sich unter diesen Umständen aus seinem Inhalte nicht feststellen, sondern höchstens aus dem Platze, der ihm in der Sammlung angewiesen worden ist, vermuthungsweise erschliessen.

Das siebente Lied.
(Vs. 289—309.)

Wer sich selbst nicht zu rathen weiss, der soll wenigstens, will er nicht ein ganz unnützer Mensch sein, von Anderen sich rathen lassen, die guten Rath ertheilen können und wollen. In solcher Rathlosigkeit befindet sich Perses, dem der Dichter darum Rath ertheilt mit der Aufforderung, ihn sich wohl einzuprägen und stets gegenwärtig zu erhalten. Er räth dem Bruder, fleissig zu arbeiten, wie es sich für den Sohn eines edlen Vaters zieme, um dem Hunger zu entgehen, der der unzertrennliche Begleiter des Faullenzers zu sein pflege. Wie eine Drohne aber von dem Ertrage fremder Arbeit zu leben, sei nach der Götter und der Menschen Urtheil verwerflich. Darum also arbeiten: durch Arbeit erwerbe man Wohlstand und das Wohlgefallen von Göttern und Menschen. Der Arbeit habe sich Niemand zu schämen, viel eher der Faulheit; im Gegentheil, Nacheiferung rufe des fleissigen Arbeiters Thätigkeit hervor, die ihm Reichthum schaffe und durch den Reichthum Ehre und Ansehen.

Diese Mahnung characterisirt sich nach Inhalt und Form als der Ausfluss einer theilnehmenden und wirklich wohlwollenden Gesinnung, der keine Spur von Gereiztheit oder spöttischem Hohne beigemischt ist. Der ärgerliche Hader, der die ersten Lieder hervorgerufen und die in ihnen zum Ausdruck kommende Stimmung bedingt hatte, ist gleichviel in welcher Weise beigelegt, ohne erkennbare Nachwirkungen zu hinterlassen; wenigstens ist des Dichters Seele der Bruder dadurch nicht völlig entfremdet worden und seiner Theilnahme verlustig gegangen, deren er allerdings in hohem Grade bedürftig ist. Denn er hat, weil ein träger Arbeiter und nachlässiger Wirthschafter, mit Nahrungssorgen zu kämpfen und ist in seiner Trägheit geneigt, sich auf fremde Unterstützung zu verlassen. Daher dieser Weckruf des Dichters an den sinkenden Bruder, um ihn zu energischer Thätigkeit anzuspornen und dadurch in seinem Niedergange anfzuhalten, wenn das noch möglich sein sollte.

Hiernach muss geurtheilt werden, dass die Entstehung unseres Liedes einer Lebensperiode des Dichters angehört, welche nach derjenigen liegt, der die fünf ersten Lieder entstammen, und der Zeit nach der des folgenden letzten sehr nahe steht, welches ganz gleichartigen Verhältnissen seinen Ursprung verdankt und den Dichter uns in derselben Stellung dem Bruder gegenüber vorführt.

Das achte Lied und seine Interpolationen.
(Vs. 310—690.)

Dass Vers 310 und die unmittelbar folgenden nicht die Fortsetzung des Vorhergehenden bilden, sondern mit ihnen eine neue selbständige Auslassung, ein neues Lied beginnt, ist mir eben so unzweifelhaft, wie die Richtigkeit der Besserung, durch welche Lehrs der leicht verdorbenen Ueberlieferung des Textes im ersten dieser Verse aufgeholfen hat. Leider aber ist der Fortgang der Auslassungen des Dichters gleich darauf durch so umfangreiche und rücksichtslose Interpolationen unterbrochen, dass der Versuch einer Lösung der Aufgabe, den ursprünglichen Zusammenhang der Darstellung aufzufinden und wieder herzustellen, kaum zu überwindende Schwierigkeiten bereitet. Gewiss ist zunächst, dass 323—376 ein späterer Zusatz sind, dessen Einfügung in ziemlich roher und rücksichtsloser Weise erfolgt ist; man erkennt dies einerseits an dem völligen Mangel einer inneren Beziehung seines Inhaltes zum Vorhergehenden und Folgenden, andrerseits daran, dass durch sein unvorbereitetes Einsetzen der Zusammenhang gewaltsam zerrissen wird, in dem die Uebergangsverse 377. 378 ohne Zweifel ursprünglich zu 322 und was ihm vorhergeht gestanden haben. Das Ganze dieser Einlage zerfällt in zwei nach Form und Inhalt selbständige und von einander unabhängige Theile, 323—337 und 338—376, von denen der erste die Vorschriften, aus denen der einfache volksthümliche Catechismus althellenischer Moral sich zusammensetzt, nämlich vor Allem die Götter, sodann Eltern und Blutsverwandte, demnächst den schutzbedürftigen Fremdling zu ehren, in eigenthümlichen Ausdrucksformen und in aufsteigender Reihenfolge behandelt. Die Verse 325 und 337 enthalten erläuternde Zusätze, welche nicht zum ursprünglichen Bestande zu gehören scheinen: sie können, wenn derjenige, welcher die beiden Lieder hier einlegte, zu seinem Zwecke fremdes Gut benutzt hat, von diesem selbst hinzugefügt, also der Einlage gleichzeitig sein; wer ihn selbst dagegen als den Verfasser glaubt betrachten zu sollen, wird annehmen müssen, dass diese Zusätze erst in noch späterer Zeit in den Text gerathen sind. Der zweite Theil, welcher nur durch das Thema, von welchem in ihm ausgegangen wird, in einer gewissen, wenn auch ganz losen und oberflächlichen Beziehung zum ersten steht, enthält eine Zusammenstellung von Regeln und Vorschriften praktischer Lebensweisheit, zum grösseren Theil in der Ausdrucksform, die sie im Munde des Volkes angenommen hatten, und nicht ohne Witz und Geschick an einen Faden lose aufgereiht, der mitunter abzureissen scheint, doch immer so, dass den neckischen Sprüngen, welche der Gedankengang zu machen scheint, ohne Schwierigkeit nachzukommen ist und ein Zusammenhang nie ganz verloren geht: 'Wer dir Freundlichkeit beweist, den behandle wieder freundlich und lade zu Gaste, um den feindlich Gesinnten kümmre dich nicht. Auf freundlichste Behandlung aber vor allen hat Anspruch, der in deiner Nähe wohnt', der Nachbar. Warum? 'Wenn Noth an den Mann kommt, pflegen die Nachbarn ohne Zögern zur Stelle zu sein, während die Schwägerschaft sich allemal Zeit nimmt'. Freilich 'ist ein böser Nachbar eine grosse Plage, aber ein guter ein ebenso grosser Segen'; denn 'Ehre hat, dem ein adliger Nachbar zu Theil wird', und 'auch nicht ein Stück Vieh geht einem verloren, man müsste denn einen bösen Nachbar haben'. Darum 'üb' immer Treu und Redlichkeit im Verkehr mit dem Nachbar, wo möglich noch über das Maass deiner eigenen Verpflichtung hinaus, um ihn zur Hülfe bereit zu finden, wenn du deren bedarfst'. Ueberhaupt 'trachte nie nach unrechtmässigem Gewinn; der ist vielmehr einem Verluste gleich zu achten'. Also 'wer dir Freundschaft erweist, dem erweise wieder Freundschaft, wer dir beispringt, dem steh' zur Seite, und schenke, wer dir schenkt; nur dem weigere ein Geschenk, der dir es verweigert'. Denn das ist einmal Regel: 'dem Geber gibt Mancher, dem Nichtgeber Niemand'. Auf den guten Willen seiner Nächsten aber ist der Mensch angewiesen: 'gut ist's, etwas als freiwillige Gabe zu empfangen, verderblich gewaltthätige Aneignung, deren Gabe der Tod ist. Denn wer aus freien Stücken gibt, hat Freude daran, auch wenn er eine grosse Gabe gespendet, während, wer frecher Weise sich ohne Erlaubniss etwas aus eigener Machtvollkommenheit aneignet, den Besitzer auf's Tiefste erbittert, und wäre, um was es sich handelt, auch nur ein Kleines'. Denn wie heisst es im Sprüchworte? 'Kleines zu Kleinem gelegt macht, wenn das häufig geschieht, leicht am Ende ein Grosses'. Wie wahr das ist, zeigt sich auch auf dem Gebiete des Haushaltes: 'Wer zu Vorhandenem sparend hinzuträgt, entgeht quälenden Nahrungssorgen', und 'Vorrath im Hause aufgespeichert bereitet Niemandem Unbequemlichkeit'; denn 'besser ist's, was man hat, im Hause zu haben; draussen verdirbt's nur', und wie 'schön ist's den Bedarf vom vorhandenen Vorrath nehmen zu können, welcher Jammer, zu bedürfen und entbehren zu müssen, was nicht da ist'. Freilich muss man dann auch mit den aufgesammelten Vorräthen in der rechten Weise umzugehen wissen: 'Wenn der Pithos angebrochen wird und wenn sein Inhalt zu Ende geht, esse man sich satt, in der Zwischenzeit spare man; jammervoll ist's, zu früh auf den Boden des Pithos gelangt dann sparen zu müssen'. Und um auf das, was man dem Freunde schuldig ist, zurückzukommen: 'Der Lohn, den man dem Freunde zugesagt, bei dem bleibe es auch'. Aber, wenn man auch selbst Treue und Glauben zu halten sich zur Pflicht macht, Anderen, selbst Blutsverwandten, traue man nicht allzusehr, sondern sehe sich vor: 'Selbst vom leiblichen Bruder verlange lächelnden Mundes, dass er Zeugen für seine Angaben stelle'; 'leichtsinniges Vertrauen ist in seinen Folgen ebenso schädlich wie ungerechtfertigtes Misstrauen'. Namentlich gilt das im Verhältniss zu den Weibern: 'lass' dich durch die Reize eines listigen Weibes nicht betrügen, die es nur auf deine Vorrathskammer abgesehen hat; wer einem Weibe traut, traut einer Diebesbande'. Leider sind die Weiber nöthig, um Nachkommenschaft zu erzielen; doch darf diese nicht zu zahlreich sein: 'Ein einziger Sohn erhalte das Haus seines Vaters; denn nur so ist möglich, dass es zu Wohlstand gelange', und dem Menschen zu wünschen ist, dass er 'in hohem Alter sterbe, einen eigenen Sohn im Hause zurücklassend'. Freilich hat die Sache noch eine andere Seite, und von einem anderen Standpuncte aus lässt sich auch sagen, wie es im Sprüchwort heisst: 'Leicht verleiht Zeus Mehreren Reichthum und Wohlstand; mehr schafft und fördert die Arbeit Vieler und grösser ist der Gewinn, den sie erzielen'. Man wird die Willkür der Anordnung und die scheinbare Zusammenhanglosigkeit der Glieder, aus denen sich das Ganze zusammensetzt, weniger auffällig finden, wenn man erwägt, dass es sich nicht um freie Ausführung eigener Gedanken, sondern lediglich um mehr oder weniger geschickte Anordnung eines fremden und ziemlich disparaten Gedankenstoffes handelt, dessen sprachliche Formulirung eine zum grössten Theile bereits gegebene war.

Aber auch nach Aushebung der besprochenen umfangreichen jüngeren Einlage scheint mir der ursprüngliche Zusammenhang des alten Liedes noch nicht völlig hergestellt zu sein. Es ist möglich, dass ich mich darin täusche, aber ich habe den Eindruck, dass der Dichter, welcher mit Vers (401) 403 mit der speciellen Behandlung seines Themas beginnt und dieselbe in einer Weise durchführt, welche durchaus nichts vermissen und als vorangegangen voraussetzen lässt, unmöglich die in den Versen 379—389 enthaltenen und auf dasselbe bezüglichen Allgemeinheiten habe vorausschicken können, um alsdann sofort auszubiegen, und nach längerer Unterbrechung mit einem neuen Anfang einsetzen können, und glaube, in der ungeschickten Aneinanderfügung der Gedanken wie der gewählten Ausdrücke in den Versen 388—390:

γυμνὸν δ' ἀμάειν, εἴ χ' ὥρια πάντ' ἐθέλῃσθα
ἔργα κομίζεσθαι Δημήτερος, ὥς τοι ἕκαστα
ὥρι' ἀέξηται u. s. w.

die deutlichen Spuren einer Fuge zu erkennen, in der nicht von Anfang an Zusammengehöriges zum äusserlichen Zusammenstoss gebracht worden ist. Ich kann daher nicht umhin anzunehmen, dass die Verse 313—322 + 377—389 gleichfalls eine ältere Einarbeitung in den ursprünglichen Text seien, die es sich wie dieser hat gefallen lassen müssen, durch eine später eingelegte Interpolation in zwei Theile zerrissen zu werden. Es ist das nicht die einzige Unbill, die ihr widerfahren ist; denn auch die Verse 314. 315, welche an dieser Stelle gar nicht passen, sind eine junge Interpolation derselben Art, wie ihrer schon mehrere begegneten; es sind sprüchwörtliche Redeweisen (vgl. 314 und Ilias Ω 44. 45), die der im vorhergehenden Verse zur Anwendung gekommenen (vgl. Odyssee ρ. 347) ohne andere Rücksicht, als die auf das allen gemeinsame Stichwort (αἰδώς) angeflickt worden sind.

Meiner Ansicht nach also gehören zum alten Liede nur die Verse 310—312 + 389 ff., welche bis 400 die Einleitung desselben bilden, und über Veranlassung und Zweck der Dichtung allen nur wünschenswerthen Aufschluss gewähren. Die schon im vorigen Liede gerügte Arbeitsscheu des Bruders hat diesen noch weiter heruntergebracht, ihn in Schulden gestürzt und zuletzt gezwungen, mit Weib und Kindern bei den Nachbaren betteln zu gehen. So hat er sich mit der Bitte um Aushülfe auch an den Dichter gewendet; der aber weigert sich, solchem Ansinnen zu entsprechen, weil er der Ueberzeugung lebt, dass nur dann dem Heruntergekommenen gründlich geholfen werden könne, wenn er selbst zu ernster Arbeit nach dem Willen der Götter sich bequeme. Dazu fordert der Dichter ihn also auf und ertheilt ihm im Folgenden die nöthig scheinenden Anweisungen.

Wie nahe hiernach dieses letzte und umfangsreichste Lied der ganzen Sammlung seiner Tendenz und wohl auch der Zeit seiner Entstehung nach sich dem unmittelbar vorhergehenden anschliesst, ist einleuchtend; die Gestaltung des Verhältnisses der beiden Brüder zu einander, die es voraussetzt und von der es Zeugniss ablegt, weist unverkennbar auf eine spätere Entstehungszeit hin, die von der Periode des Processhaders und der durch diesen veranlassten Lieder ziemlich weit, vielleicht um viele Jahre, abliegt.

Der Dichter kennt nur zwei Arten erwerbender Thätigkeit, die er für den Bruder passend erachtet, Ackerbau und Schiffahrt, wesshalb seine Anweisungen für diesen naturgemäss sich in zwei entsprechende Abschnitte gliedern. Von der Schiffahrt ist er kein Freund, wie schon oben aus einer eigenartigen Wendung des dritten Liedes (232. 233) zu entnehmen war und er weiter unten in noch ausdrücklicherer Weise zu verstehen gibt: zwar der Vater hat sie getrieben, ist aber dabei auf keinen grünen Zweig gekommen, und der Dichter selbst versteht davon so gut wie Nichts aus eigener Erfahrung, so dass die Anweisungen, die er dazu ertheilen kann, weniger eingehend und ausführlich sind, als die über den Ackerbau, für den der Dichter eine entschiedene Vorliebe hegt, mit dem er aus eigener Erfahrung bekannt ist und dessen ausführlichere Behandlung er desshalb auch vorangestellt hat, während von der Schiffahrt nur nachträglich und gewissermassen anhangsweise gesprochen wird.

Der Abschnitt, der vom Ackerbau handelt, befasst in seiner überlieferten Form die Verse 401—613. Es wird zunächst auf die Nothwendigkeit der rechtzeitigen Beschaffung eines brauchbaren und zweckentsprechenden Inventars hingewiesen und sodann eingehende Belehrung über die Herstellung desselben ertheilt (—443). Schon diese vorbereitende Einleitung hat sich Interpolationen gefallen lassen müssen. Sicher ist zunächst gleich Vers 401 eine gutgemeinte, aber im Grunde recht unverständige Interpolation, der in noch späterer Zeit der folgende, in der älteren Ueberlieferung noch nicht einmal feste, 402 zum Zwecke nothwendig scheinenden Erklärung angehängt worden ist. Denn mag man nun unter der γυνή die Haus- und Ehefrau, was wohl sicher die Meinung des Verfassers des Verses gewesen ist, oder mit dem Erklärer, der den folgenden Vers hinzugefügt hat, eine gekaufte Sclavin verstehen, auf keinen Fall passt die Vorschrift im Munde des Dichters, der concrete gegebene Verhältnisse im Auge hat und mit klarem Bewusstsein seine Auseinandersetzungen disponirt: Perses ist längst mit einer Hausfrau versehen (vgl. 395) und von der Verwendung einer Sclavin ist in der folgenden ausführlichen Darstellung nirgends mit einem Worte die Rede. Auch gehört nach des Dichters Ansicht zu einem genügenden Inventar nicht éin Ackerstier, wie unser Vers sich bescheidet, sondern deren zwei, wie unten 432 ff. 464 ff. 604 ausdrücklich vorgeschrieben und dann vorausgesetzt wird. Auch die in den Versen 406—409 zusammengestellten Gnomen, welche sich an das ἡ δ'ὥρη παραμείβηται des vorhergehenden Verses anschliessen und dieses Thema weiter ausführen sollen, halte ich für einen späteren Zusatz: ihr Inhalt ist zu allgemeiner Natur und greift weiter aus, als der Dichter selbst für den vorliegenden Zweck für passend oder gar nothwendig kann erachtet haben, während einem Späteren sich das Unpassende einer solchen Ausweichung leicht entziehen mochte. Endlich erregt der abschliessende 443. Vers den Verdacht, eine später angeflickte ziemlich überflüssige Erläuterung der an sich ganz klaren Ausdrucksform des unmittelbar Vorhergehenden zu sein. Es folgen nach dieser Einleitung in den Versen 444—488 eingehende Anweisungen über die Pflügung des Ackers, für welches Geschäft ein bestimmter Jahrespunct als der normale, ein zweiter etwas später liegender als nur unter gewissen Bedingungen vortheilhaft und zulässig bezeichnet werden. In den Gang dieser Darstellung setzen die Verse 458—460 so unerwartet und unvermittelt ein und unterbrechen den Zusammenhang in so empfindlicher Weise, dass sie als ein späterer Einschub sofort erkennbar sind. Sie handeln von der Brache, an deren Nichterwähnung durch den Dichter man Anstoss nahm und daher seine Ausführungen ergänzen und vervollständigen zu müssen glaubte.

Während der nun folgenden Winterzeit muss die Thätigkeit des Landbauers allerdings aus äusseren Gründen sich eine Unterbrechung gefallen lassen. Darum aber soll, bemerkt der Dichter ausdrücklich, ein Mann in Perses' Lage keinesweges unthätig umherlungern, da es auch im Winter mancherlei zu thun gebe, wodurch ein Mann, der vor keiner Arbeit zurückschreckt, sein Hauswesen fördern könne. Andernfalls würden die Unbilden der Witterung im Verein mit den Entbehrungen, die die eigene Mittellosigkeit ihm auferlege, von dem schädigendsten Einflusse auf seinen körperlichen Zustand sein; nichts aber sei verderblicher, als beim Mangel an dem nöthigen Lebensunterhalte sich damit zu begnügen, die Hände in den Schooss zu legen und in unberechtigter Hoffnung auf das Eintreten günstigerer Umstände zu harren. Ferner wird empfohlen, während der ganzen Winterzeit mit den vorhandenen Vorräthen sparsam umzugehen und die täglichen Rationen für Menschen und Vieh thunlichst herabzusetzen, was nach der Ansicht des Dichters bei der Länge der Winternächte statthaft ist.

Das ist es, was meiner Ansicht nach der Dichter seinem Bruder allein hat sagen wollen (489—495 + 555—559); in der Ueberlieferung, die uns vorliegt, ist indessen der Abschnitt, in welchem diese Mahnungen vorgetragen werden, durch eine kleinere und eine grössere Einlage aus späterer Zeit zu ungeheuerlichem Umfange angeschwollen und befasst jetzt die Verse 489—559. Zunächst sind dem Verse 495 in üblicher Weise zwei Gnomen angefügt worden, von denen die erste (496. 497) nur in anderer Form genau dasselbe ausdrückt, was im Vorhergehenden bereits mit genügender Deutlichkeit gesagt ist, die zweite (498. 499) den gleichen Gedanken in zwar origineller und an sich ganz treffender, aber für unseren Zusammenhang ganz unpassender und für ihn darum gewiss nicht ursprünglich bestimmter Form zum Ausdruck bringt. Ausser erkennbarem Zusammenhang mit dieser gewöhnlichen Interpolation steht die umfassende Einlage der Verse 500—554, welche sich jener jetzt vielleicht nur zufällig äusserlich anschliesst. Den Inhalt derselben bildet die Schilderung der Witterungsverhältnisse im Wintermonat Lenaeon und der Unbequemlichkeiten, die sie für die Menschen mit sich bringen, nebst Angabe der Maassregeln, welche in Anwendung zu bringen sind, um sich vor ihren schädigenden Einflüssen sicher zu stellen. Die Darstellung ist eine in sich vollkommen abgeschlossene, was auch in der äusseren Form dadurch zu greifbarem Ausdruck gebracht ist, dass auf das an die Spitze gestellte Thema:

μῆνα δὲ Ληναιῶνα, κάκ' ἤματα, βουδόρα πάντα,
τούτον ἀλεύασθαι u. s. w.

in den letzten Versen;

ἀλλ' ὑπαλεύασθαι· μεὶς γὰρ χαλεπώτατος οὗτος
χειμέριος, χαλεπὸς προβάτοις, χαλεπὸς δ' ἀνθρώποις

zurückgegangen wird und diese somit in bewusster Absicht

als Abschluss der ganzen Darstellung auch äusserlich gekennzeichnet werden. Dabei ist die Behandlung des Themas von einer solchen Breite und Ausführlichkeit, dass man den Eindruck empfängt, sie sei ihrem Urheber Selbstzweck gewesen. Schon aus diesem Grunde ist es unmöglich zu glauben, dass sie ein organischer und darum ursprünglicher Bestandtheil derjenigen Ausführungen sei, in deren Mitte sie sich jetzt gestellt findet; noch deutlicher aber wird sie als eine spätere Einlage sei es ihres Verfassers, sei es eines Anderen, der dessen Dichtung zu seinem Zwecke benutzte, durch den Umstand erwiesen, dass der Zusammenhang der Theile, zwischen welche sie gestellt ist, ohne mit ihnen in eine auch nur formale Verbindung gebracht worden zu sein, durch sie in roher und jedes Verständniss aufhebender Weise unterbrochen wird.

Nachdem sodann in den Versen 560—566 kurz auf den geeignetsten Zeitpunct für die Beschneidung des Weinstocks hingewiesen worden, wird ebenso 567—577 der für die Einerntung des Getreides bestimmt und dabei empfohlen, die Arbeit jedes Tages in der Morgenfrühe zu beginnen. Obwohl der Dichter auf die Befolgung dieser Vorschrift augenscheinlich einen besonderen Werth gelegt wissen will, will es mir doch scheinen, als ob der Einschärfung derselben gegen Ende des Absatzes durch die Häufung von Gnomen ein zu übertriebener Nachdruck gegeben werde; ich vermuthe daher, dass die Verse 575—577, welche wiederum sprüchwörtliche Redensarten enthalten, später hinzugefügt sein mögen, wie das unter ähnlichen Umständen an so vielen Stellen geschehen ist.

Während der nunmehr folgenden heissen Sommertage, von denen in den Versen 578—592 gehandelt wird, ruht die Feldarbeit und der Dichter verlangt auch keine andere, wie oben zur entsprechenden Winterszeit, sondern empfiehlt vielmehr Ruhe, bei behaglicher Pflege des Körpers mit Speise und Trank. Aber er will Maass gehalten wissen und räth daher eine Mischung von drei Theilen Wasser und nur einem Theile Wein als die Regel an. Wenigstens scheint dies der Sinn des letzten Verses 592 zu sein.

Nachdem sodann in den Versen 593—604 der Termin für die durch die Knechte zu vollziehende Drescharbeit bezeichnet worden und die Vorsichtsmaassregeln besprochen worden sind, durch welche das eingebrachte Erträgniss dieser Arbeit vor diebischen Angriffen zu sichern ist, auch die Beschaffung und Einbringung einer ausreichenden Menge von Futter für das Vieh eingeschärft worden ist, wird in dem letzten Abschnitte 605—613 Anweisung über den Termin der Weinlese und das dabei zu beobachtende Verfahren ertheilt und damit die Reihe der Geschäfte eines Arbeitsjahres für abgeschlossen erklärt; es folgt dann in einigem Abstande wieder die Pflügung des Ackers, mit dem das neue Arbeitsjahr seinen Anfang nimmt.

Der zweite, das Ganze abschliessende Theil, welcher die Verse 614—690 befasst, ist Interpolationen weniger ausgesetzt gewesen, als dies beim ersten der Fall war. Ich vermag nur eine einzige mit Sicherheit zu erkennen, welche durch die Verse 639—641 gebildet wird. Diese Verse, deren Inhalt eine sprüchwörtliche Redensart mit den dazu gehörigen erläuternden Ausführungen ausmacht, passen schlecht in den Zusammenhang und unterbrechen Gedankengang und Construction der Sätze in so geradezu brutaler Weise, dass ich sie als späteres Einschiebsel zu bezeichnen keinen Anstand nehme. Anders urtheile ich dagegen über jene Episode (645—658), in welcher von der Fahrt des Dichters von Aulis nach Chalkis und seiner Theilnahme an den Leichenspielen des Amphidamas erzählt wird, und welche seit Plutarch bis in die neueste Zeit von der Mehrzahl der

Kritiker als unächt und eine 'allerdings sehr alte', wie man sich vorsichtig auszudrücken beliebt, Interpolation betrachtet zu werden pflegt. Ich für meine Person sehe zu einer solchen Verurtheilung keinen irgend triftigen Grund. Dass Jemand, wie hier der Dichter, erklärt, er verstehe zwar aus eigener Erfahrung von Schiffarth und Schiffen gar nichts, da er noch nie das weite Meer auf einem Schiffe befahren, ausser das eine Mal, wo er von Aulis nach Chalkis übergesetzt sei, nichtsdestoweniger wolle er Auskunft über diese Dinge geben, wie es nach Zeus Ordnung mit ihnen stehe, denn die Musen hätten ihn gelehrt, was er selbst nicht erfahren, d. h. dem Sänger, der der Eingebung der Musen sich erfreut, sei auch das scheinbar Unmögliche möglich, das mag, wer Humor nicht versteht, immerhin für naiv erklären; aber einer solchen Naivetät unsern Dichter für unfähig zu erachten, hat er auch dann nicht das mindeste Recht. Dass Amphidamas 'König' von Chalkis gewesen und im Kampfe gegen die Eretrier um die Lelantische Ebene gefallen sei, wie Plutarch an zwei Stellen ohne Angabe eines Gewährsmannes berichtet, ist meiner Ueberzeugung nach eine Erfindung späterer Zeit, welche einen Commentar zu unserer Stelle zu liefern glaubte, indem sie deren Andeutungen mit den Ueberlieferungen von der Lelantischen Fehde rein vermuthungsweise combinirte, und mit dem Ergebniss dieser Combination als mit einer Thatsache rechnen wollen, möchte ich Niemandem rathen. Der versificirte Roman aber von dem Zusammentreffen Hesiod's mit Homer bei Gelegenheit der Leichenspiele in Chalkis, welcher Plutarch bekannt war und vom Verfasser des 'Agon' direct oder indirect benutzt wurde, war ebenfalls ein aus unserer Stelle herausgesponnenes Erzeugniss jüngeren Ursprunges, keinesweges eine Dichtung des alten Lesches, wie auf Grund einer übrigens stark verdorbenen Stelle Plutarch's von Manchem geglaubt zu werden pflegt: war wirklich Lesches als der Verfasser bezeichnet, so beruhte das entweder auf einer romanhaften Fiction oder einer versuchten schnöden Mystification. Und endlich: allerdings enthält der Vers 655 eine Anspielung auf ein Moment aus dem Leben des Dichters, welches in einer bekannten Stelle des Prooemiums zur Theogonie uns in dichterischer Verkörperung vorgeführt wird, und, wie ich ohne Bedenken zugebe oder annehme, auf diese Stelle selbst, welche gewissermaassen als bekannt vorausgesetzt wird. Allein nur, wem jene Verse als eine Interpolation gelten, kann an dieser Beziehung Anstoss nehmen und aus ihr die Unächtheit auch unserer Episode folgern wollen; wer dagegen, wie ich, in jener Scene der Theogonie den ältesten und ächtesten Theil des Prooemiums mit Zuversicht glaubt erkennen zu sollen, hat keine Veranlassung an dem Verse und der in ihm enthaltenen Anspielung Anstoss zu nehmen, so wenig, wie an der gleichartigen, in der einleitenden Auseinandersetzung zu Anfang des ersten Liedes enthaltenen auf eine andere Stelle derselben Theogonie. Für ihn folgt aus diesen Thatsachen nur die andere, dass die Theogonie früher gedichtet ist, als die Ereignisse eintraten, welche den Liedern an Perses den Ursprung gaben, und dass sie, als die letzteren gedichtet wurden, in dem Kreise, für welchen der Dichter schuf, bereits eine Popularität erlangt hatte, welche diesem das Recht gab, sie als bekannt vorauszusetzen und sich demgemäss auf sie zu beziehen.

Der spätere Anhang.
(Vs. 691—824.)

Dem Schlusse des letzten Liedes ist in späterer Zeit ein Anhang hinzugefügt worden, der sich nicht vollständig erhalten hat. Der letzte Abschnitt desselben, dessen Inhalt durch seine Betitelung als ὀρνιθομαντεία hinreichend gekennzeichnet ist, wurde von der Alexandrinischen Kritik als unächt bezeichnet, was zur Folge hatte, dass die spätere Ueberlieferung, auf welche wir angewiesen sind, ihn einfach cassirte und unsere Handschriften ihn darum nicht mehr kennen. Welches die Gründe waren, auf die jenes verwerfende Urtheil sich stützte, wissen wir nicht und sind darum seinen Werth zu prüfen um so weniger im Stande, als wir abgesehen von dem, was aus jener allgemeinen Inhaltsangabe sich entnehmen lässt, sonsther über den verlorenen Abschnitt nirgends das Geringste erfahren. Denn dass die Stelle des Aristoteles, welche Bergk auf ihn bezogen hat, sich wirklich auf ihn bezieht, steht keinesweges fest; Bergk kann Recht haben und auch nicht, es handelt sich eben um eine Vermuthung, der man beistimmen mag, ohne doch berechtigt zu sein, von Jedermann das Gleiche zu verlangen. Nur das eine ist klar und unzweifelhaft, dass nämlich der jetzt fehlende Abschnitt zu dem Vorhergehenden mit bewusster Absicht in eine wenigstens äusserliche Beziehung gesetzt war; denn diese Beziehung vermittelte das ὄρνιθας κρίνων des letzten erhaltenen Verses 824 auf jeden Fall, sci es, dass dieser Ausdruck in der Absicht zum Folgenden überzuleiten gewählt war, sei es, dass eine solche Absicht ursprünglich nicht vorlag, aber der absichtslos gebrauchte Ausdruck später dazu benutzt wurde, eine weitere Ausführung an ihn anzuknüpfen. Hesiodisch war freilich der verlorene Theil des Anhanges so wenig als der uns erhaltene; allein es ist möglich, dass das Ganze des Anhanges nicht auf einmal und von derselben Hand hinzugefügt worden ist, sondern erst allmälig unter der Mitwirkung Mehrerer zu seinem späteren Umfange anwuchs; und selbst wenn das erstere der Fall sein sollte, steht doch nicht fest, dass alle Theile des hinzugefügten Ganzen als von demselben Verfasser herrührend betrachtet werden müssten. Unter diesen Umständen ist es sehr wohl denkbar, dass der verlorene Theil sich vom Vorhergehenden in sehr charakteristischer und vielleicht auffälliger Weise unterschied, und dieser Unterschied zur Athetese Veranlassung gab. Denn eine strenge Einheit bildet auch, was uns erhalten ist, keineswegs. Vielmehr zerfällt es in drei in sich abgeschlossene und nur ganz äusserlich zu einander in Beziehung gesetzte selbständige Abschnitte, welche nicht enger mit einander zusammenhängen, als seiner Zeit der jetzt fehlende vierte und letzte mit dem dritten von ihnen zusammengehangen hat. Eine formale Verbindung fehlt gänzlich, da das fortführende δέ kaum als eine solche wird angesehen werden können; die Beziehung, in der die in den einzelnen Abschnitten behandelten Themata zu einander und zu dem Inhalt des achten Liedes, an das sie sich doch ohne Weiteres als Fortsetzung anschliessen, stehen oder stehen sollen, ist in keiner Weise ausdrücklich bezeichnet, sondern will gewissermaassen errathen sein. Es ist von Interesse zu sehen, nach welchen Gesichtspuncten und welcher Methode bei der Zusammenstellung der einzelnen Theile verfahren worden ist.

Der Dichter hatte sein achtes Lied mit dem Satze geschlossen: *καιρὸς δ' ἐπὶ πᾶσιν ἄριστος*. Der hieran sich unmittelbar anschliessende erste Abschnitt des Anhanges (691—701), welcher von den Bedingungen handelt, unter denen allein eine glückverheissende Ehe geschlossen werden kann, stellt unter diesen voran, dass Braut und Bräutigam nicht allzu lange vor oder nach einem bestimmten Lebensjahre die Heirath vornehmen, als *ὥραῖοι* heirathen, damit ihr *γάμος* ein *ὥριος* werde. Mit anderen Worten, es ist von dem *καιρός* des Herganges die Rede, der vorausgehende allgemeine Satz findet Anwendung auf einen besonderen Fall und im Sinne dieser Auffassung ist offenbar und zwar mit vollem Bewusstsein die Anreihung erfolgt. Allerdings beschränkt sich die Darstellung hierauf nicht, sondern führt im Folgenden noch andere ebenso wesentliche wenn nicht wesentlichere Bedingungen auf, deren Erfüllung dabei ins Auge zu fassen ist, und begründet das in aller Kürze; allein man ersieht daraus eben nur, wie aus der äusseren Form der Anfügung, dass das Ganze nicht ein organischer Theil des Vorhergehenden, eine Fortsetzung desselben, sondern die Behandlung eines selbständigen Themas ist, welche durch jene rein äusserliche Beziehung lose mit einer anderen verbunden ist und auf Grund derselben seine dermalige Stellung in der Sammlung angewiesen erhalten hat. Wenn dann im folgenden zweiten Abschnitt (702—760) eine lange Reihe verpönter Handlungen zusammengestellt ist, vor deren Begehung gewarnt wird, und zwar mit einer Einleitung und einem Schluss, die ihn formell vom Vorhergehenden und Folgenden absetzen, ohne doch von oder zu dieser Umgebung überzuleiten, so begreift man leicht, wie die nicht nothwendige, aber doch zulässige Auffassung aller dieser Handlungen als παραχαίρια wenn nicht ihre Zusammenstellung veranlassen, doch zur Einreihung ihrer vielleicht in anderer Absicht unternommenen Behandlung an dieser Stelle veranlassen konnte. Das Gleiche gilt vom dritten und letzten Abschnitte (761—824). Er hat ebenfalls seine besondere Einleitung, die ihn vom Vorhergehenden absetzt, ohne irgend welchen Uebergang herzustellen, und handelt von den Tagen des Monats, an denen gewisse Handlungen mit Erfolg vorgenommen werden können und darum sollen, oder des unausbleiblichen Schadens halber unterlassen werden müssen. Diese Handlungen sind folglich je nach dem Tage, an dem sie vorgenommen werden, entweder καίρια oder παρακαίρια, und vom Standpuncte einer solchen Auffassung ist es geschehen, dass die Behandlung eines solchen Themas nicht ohne Willkür, aber doch in bestimmter Absicht an die des vorhergehenden angeschlossen wurde. Wie daran dann nach derselben Methode und in demselben Sinne weiter eine ὀρνιϑομαντεία, also eine Belehrung über die Beobachtung der Vogelzeichen, welche die Vornahme irgend einer Handlung als rathsam oder unrathsam erkennen lassen, als Fortsetzung sich anfügen liess, ist an sich klar und bedarf keiner weiteren Ausführung.

Auch unser Anhang hat, vielleicht in noch späterer Zeit, sich mannigfache und zum Theil umfangreiche Einarbeitungen gefallen lassen müssen. Ganz unberührt von diesen schädigenden Eingriffen ist nur der erste Abschnitt geblieben, während die beiden anderen ganz besonders stark unter ihnen zu leiden gehabt haben.

Der zweite Abschnitt beginnt in Vers 702 mit der Mahnung, sich vor der Ahndung der Götter in Acht zu nehmen, also keine Handlung zu begehen, durch welche ihr Missfallen hervorgerufen wird. Damit ist das Thema angeschlagen, welches dann von Vers 720 bis zu Ende seine weitere Ausführung findet. Denn hier wird eine lange Reihe von Handlungen aufgeführt und vor ihrer Begehung gewarnt, die trotz ihrer sonstigen Verschiedenheit doch alle die eine Eigenschaft gemein haben, dass sie nach den abergläubischen Vorstellungen des Volkes für verpönt gelten, weil durch sie die den Göttern schuldige Ehrfurcht verletzt und deren rächendes Einschreiten hervorgerufen werden sollte, wie das zu wiederholten Malen mit besonderem Nachdruck hervorgehoben wird. Allein der bewusste und unzweideutige Zusammenhang, welcher zwischen Vers 702 und 720 ff. besteht oder ursprünglich bestand, ist in verständnissloser Weise durch die Einlage der Verse 703—719 gewaltsam unterbrochen. Zwar enthalten auch sie eine Anzahl negativer Verhaltungsvorschriften, aber die verpönten Handlungen sind von ganz anderer Beschaffenheit und das Verbot wird nirgends durch den Hinweis auf den drohenden Zorn der Götter, sondern lediglich durch Gründe der Billigkeit oder der praktischen Zweckmässigkeit motivirt. Dabei besteht zwischen den Handlungen, von denen abgemahnt wird, keine innere und nothwendige Beziehung, sondern nur eine lose äusserliche Verbindung, welche ganz im Geschmack und nach derselben Methode hergestellt erscheint, welche die Compositionsform des oben besprochenen Stückes 338—376 charakterisiren, nur dass dieses Mal mit weniger Geschick oder Sorgfalt verfahren worden ist und das Ergebniss sich als ein weniger gelungenes darstellt. Trotzdem glaube ich nicht zu irren, wenn ich in beiden Stücken wie dieselbe Mache, so auch die Hand desselben Verfassers zu erkennen meine. Jedenfalls erscheint es mir zweifellos, dass in den Versen 703—719 eine Einlage zu erkennen ist, durch welche ein ursprünglich vorhanden gewesener klarer und einfacher Zusammenhang zerrissen und verdunkelt worden ist. Ausser dieser umfangreicheren Interpolation lassen sich meines Erachtens noch zwei kleinere mit völliger Sicherheit erkennen: einmal Vers 748, welcher nichts weiter als eine später hinzugefügte Kritik und Correctur des unmittelbar vorhergehenden ist, und sodann die beiden abschliessenden Verse 759. 760, welche den Ausdruck ganz unnöthiger Weise überlasten und zu der Gattung jener sprüchwörtlichen Redensarten gehören, die an so vielen Stellen sich als wenig oder gar nicht passende Zusätze dem ursprünglichen Texte angehängt oder in denselben eingedrängt haben.

Der dritte Abschnitt endlich soll nach dem übereinstimmenden Zeugnisse seiner Einleitung (761—765) wie der ihn abschliessenden Verse 818. 819 eine Aufzählung der Tage geben, welche nach Zeus' Willen und Bestimmung heilvoll und erspriesslich für menschliche Thätigkeit sind, im Gegensatze zu den andern, welchen eine solche ihr förderliche Eigenschaft nicht verliehen ist. Dieser Disposition entspricht allein derjenige Theil der Ausführung, welcher die Verse 766—775 befasst, während der Rest (776—817) gänzlich aus dem Rahmen derselben heraustritt. Denn dieser gibt in loser und mitunter willkürlicher Aneinanderreihung, die in ihrer Methode nächste Verwandtschaft mit der der grösseren Einlage des vorhergehenden Abschnittes (703—719) verräth und zunächst den Eindruck eines wirren Durcheinanders macht, eine Zusammenstellung von Anweisungen und Vorschriften, welche eine Anzahl von Monatstagen für die verschiedensten Arten menschlicher Thätigkeit als besonders geeignet, andere dagegen für ebendieselben oder andere als ungeeignet und darum sorgfältig zu meiden bezeichnen. Unverkennbar soll durch eine solche Fortsetzung die vorhergehende kurze Ausführung ergänzt und vervollständigt werden, aber der leitende Gesichtspunkt ist plötzlich verschoben und die Art der Ausführung eine völlig andere geworden, so dass die Folgerung unausweichlich wird, dass beide Theile nicht von derselben Hand herrühren können, der zweite also, der seiner Form nach eine Fortsetzung ohne selbständigen Anfang ist, dem ersten nachträglich von anderer Hand hinzugefügt sein muss. Dem Fortsetzer war die Theogonie bekannt, wie die Vergleichung von Vers 800 mit Theog. 231. 232 klärlich erweist. Auch seinem Erzeugniss ist eine Interpolation nicht erspart geblieben, als welche ich unbedenklich die Verse 813—815 (816) bezeichne: sie unterbrechen Construction und Zusammenhang in handgreiflichster Weise und stehen ihrem Inhalte nach zum Vorhergehenden in directem, aber offenbar auch völlig bewusstem Widerspruch. Man wird, denke ich, nicht irren, wenn man sie als eine mit abfälliger und leicht ironisch gefärbter Kritik verbundene Correctur betrachtet, welche Jemand, der die Sache besser zu verstehen glaubte, ohne irgend welche Rücksicht zu nehmen in den Text hineingezwängt hat. Wie freilich eine Interpolation von dieser Beschaffenheit feste Stellung in der Ueberlieferung des Textes hat gewinnen können, bleibt ein schwer oder gar nicht zu lösendes Räthsel. Eine Analogie dazu bieten indessen die Verse 762 (zweite Hälfte). 763, bei denen mir nur das eine unsicher bleibt, ob nämlich Gränzen und Ausdehnung der Interpolation oben im Texte richtig von mir bezeichnet worden sind. Abgesehen von diesem Zweifel scheint mir aber doch klar, dass an dieser Stelle der ihrer Natur nach ganz allgemein zu haltenden und gewiss auch ursprünglich gehaltenen Anweisung der Einleitungsformel des Abschnittes eine specielle Vorschrift nicht nur höchst unpassend, sondern auch in völlig rücksichtsloser und gewaltsamer Weise aufgezwängt worden ist: gewisse, ihrem Umfange nach nicht genau zu bestimmende Bestandtheile des ursprünglichen Textes sind, um Raum für die Einlage zu schaffen, beseitigt worden, was zur Folge gehabt hat, dass die eigentliche Meinung desselben unverständlich geworden ist. Sicher war dieselbe keine andere als: 'Die von Zeus verordneten Tage sind bei der Arbeit sorgfältig einzuhalten, wenn der Erfolg ein befriedigender sein soll; freilich ist das nur möglich, wenn der Kalender sich in gehöriger Ordnung befindet'.

Endlich haben auch die abschliessenden Verse 818. 819 eine Ueberlastung erfahren, indem sich ihnen zwei der unvermeidlichen versificirten Sprüchwörter angehängt haben (820. 821). Ueber die darauf folgenden letzten drei Verse des erhaltenen Textes sich ein bestimmtes Urtheil zu bilden, fällt schwer oder ist vielmehr unmöglich. Man kann sie als zum Abschluss des Vorhergehenden gehörig gelten lassen und von Anfang an mit 818. 819 verbunden denken, man kann sie aber auch als Uebergangsformel betrachten, deren alleiniger Zweck es war, die Anfügung der ὀρνιθομαντεία an das Vorhergehende zu vermitteln. Eine Entscheidung wäre nur möglich unter einer leider für uns nicht mehr erfüllbaren Bedingung, wenn sich nämlich eine bestimmte Vorstellung von der Form gewinnen liesse, in welcher der Anfang des einst hier folgenden und später cassirten Textabschnittes gestaltet war.

Die Theogonie und die Mahnlieder des Dichters haben nicht nur zur Zeit ihrer Entstehung in dem beschränkten Umfange des kleinen Kreises, für den sie zunächst gedichtet waren, sich einer ungewöhnlichen, aber doch leicht erklärlichen Theilnahme zu erfreuen gehabt, vielmehr ist ihre Popularität in den folgenden Jahrhunderten in beständigem Steigen geblieben und die Bekanntschaft mit ihnen hat sich über immer weitere Kreise und Gebiete des Hellenischen Culturlebens verbreitet, aus Gründen, die wir kaum noch ahnen, und auf Wegen, die wir im Einzelnen nicht mehr nachweisen können. Was in einem Winkel Boeotiens auf den Gassen von Askra und Thespiae ein fahrender Sänger in Wahrnehmung dessen, was er für sein gutes Recht und seine brüderliche Pflicht glaubte halten zu dürfen, allen Landsgenossen, die da hören mochten, liedweise rhapsodirt und dann später, wie ich meine, selbst zu einem Liedercyclus zusammengestellt hatte, das ist in der Folge der Zeiten zusammen mit seiner Dichtung vom

Werden der Götter über Meer nach dem fernen Osten, nach Kleinasien, gewandert und hat dort eine weitere Heimath gefunden; im siebenten und sechsten Jahrhundert sind die Hesiodischen Gedichte in ganz Kleinasien, in Ionien wie auf Lesbos, gekannt und verbreitet. Wie mächtig ihr Einfluss und wie gross ihre Popularität auch in diesen späteren Zeiten gewesen, beweisen vor Allem die erweiternden Bearbeitungen, welche der Text sowohl der Theogonie wie der Lieder erfahren hat, und die ebensosehr von der stets lebendig gebliebenen Theilnahme, wie von dem allmälig schwindenden Verständniss Zeugniss ablegen, mit denen der Geist späterer Zeiten das aus früheren Ueberlieferte behandelt hat: die Gedichte haben eben in einer Reihe von aufeinander folgenden Generationen wirklich fortgelebt und eine dem entsprechende Metamorphose durchgemacht. Dass dieser Process gegen das Ende des sechsten Jahrhunderts zum Abschluss gelangt war, ist bereits oben bemerkt worden. Gern wüssten wir auch, auf welchem Gebiete des Hellenischen Culturlebens er sich in der für die Folgezeit maassgebenden Weise vollzogen hat, welche unsere Ueberlieferung darstellt. Die Sprachform der letzteren weist auf Ionien als diejenige Gegend hin, in der sich jener Process vollzogen hat, so dass von denjenigen Theilen, erhaltenen oder verlorenen, der Theogonie sowohl als der Liedersammlung, welche als Producte einer überarbeitenden Thätigkeit mit Recht betrachtet werden dürfen, unbedenklich angenommen werden kann, dass die überlieferte Sprachform derselben, welche sich als die Kunstform der Ionischen Dichtersprache erweist, auch die ursprüngliche ist. Eine andere Frage ist, ob bereits der Dichter selbst sich dieser Form bedient hat, die ja in der Ueberlieferung wenigstens auch denjenigen Bestandtheilen des Ganzen eigen ist, welche als sein eigenstes Eigenthum anerkannt werden müssen und anerkannt werden, oder ob nicht etwa erst bei Gelegenheit und in Folge der Verpflanzung der Dichtungen nach Ionien die dem Dichter eigene fremdartige Sprachform in die Ionische umgesetzt worden ist, eine Art von Uebersetzung stattgefunden hat. Mancher ist heutigen Tages geneigt, das letztere anzunehmen. Bewiesen kann das aber mit den uns zu Gebote stehenden Mitteln niemals werden, und ich für meine Person glaube es auch nicht; indessen würde ein näheres Eingehen auf diese Streitfrage mich über die Gränze weit hinausführen, welche der Natur der Sache nach diesen Erläuterungen gezogen ist, wesshalb ich mit gutem Bedachte von ihm Abstand nehme.